Gerhard Helbig

Deutsche Grammatik – Grundfragen

Gerhard Helbig

Deutsche Grammatik

Grundfragen und Abriß

iudicium verlag

Die Deutsche Bibliothek – CIP-Einheitsaufnahme
Helbig, Gerhard:
Deutsche Grammatik : Grundfragen und Abriss / Gerhard Helbig. –
München : Iudicium-Verl., 1991
ISBN 3-89129-244-9

Druck: difodruck, Bamberg
Printed in Germany
ISBN 3-89129-244-9

Inhaltsverzeichnis

1. Zum Begriff der Grammatik

Schon vom Umfang her lassen sich zwei Konzepte von „Grammatik" unterscheiden (vgl. HELBIG 1988b):

1. Grammatik im herkömmlichen und engeren Sinn wird verstanden als Lehre von den morphologischen und syntaktischen Regularitäten einer natürlichen Sprache, als derjenige Teil der Sprachwissenschaft, der die Bildung verschiedener Formen gleicher Wörter („Morphologie") und die Verknüpfung von Wörtern zu Wortgruppen und Sätzen („Syntax") zum Gegenstand hat.
2. Grammatik im jüngeren und weiteren Sinne meint die Abbildung des gesamten Sprachsystems, als Regelsystem, das Laut-(Form-) und Bedeutungs-(Inhalts-)strukturen einander zuordnet, das somit die Menge aller möglichen Sätze einer Sprache definiert und allen sprachlichen Produktions- und Rezeptionsprozessen zugrunde liegt.

Die Grammatik im engeren Sinne (1) beschränkt sich auf den formalen Bereich, schließt nur die Morphologie und Syntax (als ihre beiden Hauptteile) ein, klammert aber die Lexik (Wortlehre) und die Semantik (als Bedeutungsseite) aus. Die Grammatik im weiteren Sinne (2) umfaßt nicht nur Morphologie und Syntax, sondern auch Phonetik/Phonologie, Lexik und Semantik, d. h. alles das, was die Zuordnung von Laut- und Bedeutungsseite betrifft. Semantik und Lexik(on) stehen bei (1) *außerhalb* der Grammatik, bei (2) stehen sie *innerhalb* der Grammatik, sind Teil der Grammatik. Deshalb führte das Konzept (1) zu der Vorstellung von einem Gegensatz zwischen Grammatik und Semantik einerseits, von Grammatik und Lexik andererseits, mitunter auch zu einer Gleichsetzung des Unterschiedes zwischen Grammatik und Lexik mit dem Unterschied zwischen Grammatik und Semantik. Diese Vorstellungen werden im Konzept (2) mit Recht relativiert: Nicht nur die Lexik, sondern auch die Grammatik hat Bedeutung, so daß die Semantik weder auf die Wortbedeutung (lexikalische Bedeutung) reduziert noch von der Grammatik getrennt werden kann. Die Semantik *trennt* somit nicht Grammatik und Lexik, sondern *verbindet* sie. Dafür spricht schon der Umstand, daß mitunter dieselben Bedeutungen lexikalisch oder grammatisch im engeren Sinne (d. h. morphosyntaktisch) ausgedrückt werden können, daß das, was in *einer* Sprache morphosyntaktisch ausgedrückt ist, in einer *anderen* Sprache lexikalisch ausgedrückt sein kann, daß folglich grammatische und lexikalische Bedeutungen nicht prinzipiell voneinander unterschieden werden können. Aber nicht nur die Gegenüberstellung von Grammatik und Semantik, sondern auch die von Grammatik und Lexik läßt sich nicht in absoluter Form aufrechterhalten oder funktional begründen (etwa in der Form, daß man der Lexik die Funktion zuschreibt, die Erscheinungen im weitesten Sinne zu bezeichnen, der Grammatik die Funktion, aus den Wörtern Sätze zu konstruieren). Vielmehr hat sich die Einsicht durchgesetzt, daß Grammatik und Lexikon zum großen Teil dieselben Fakten, allerdings unter unterschiedlichen Aspekten und mit einem unterschiedlichen Abstraktionsgrad darstellen (in der Grammatik handelt es sich um das Allgemeine, im Lexikon um das Besondere). Insofern hat man schon früher manchmal das Lexikon als eine Art alphabetischer Inhaltsangabe zur Grammatik angesehen, betont man heute mit Recht, daß die grammatische Beschreibung nicht ohne lexikalische Informationen, die Beschreibung der Lexik nicht ohne grammatische Informationen gelingen kann, daß es eine Grammatik nicht ohne Lexikon und ein Lexikon nicht ohne Grammatik geben kann. Es handelt sich nicht um zwei prinzipiell und/oder funktional unterschiedene oder entgegengesetzte Komponenten der Sprache, da die Grammatik verschiedene Ebenen enthält (mindestens: eine phonologische, eine morphologische, eine syntaktische und eine semantische Ebene); über diese Ebenen hinweg sind Laut- und Bedeutungseinheiten auf reguläre, aber indirekte Weise einander zugeordnet. Im Wort (als Lexikon-Einheit) sind die Informationen aus den verschiedenen grammatischen Ebenen integriert und gebündelt, das Lexikon stellt somit eine an das Wort gebundene Integrationsinstanz von Informationen unterschiedlicher Art dar.

Obwohl die bisherigen Überlegungen für das Konzept (2) von der Grammatik im weiteren Sinne sprechen, werden in diesem Buch – in erster Linie aus Gründen der Darstellung für einen breiteren Leserkreis und in Anknüpfung an die Tradition – nur jene Bereiche behandelt, die herkömmlicherweise der Morphologie und Syntax entsprechen (entsprechend dem Konzept (1)); andere Gebiete (z. B. Phonologie und Lexikologie) werden ausgeschlossen. Mit Absicht werden die hier behandelten Gebiete nicht – wie sonst oft üblich – unter den Überschriften „Morphologie“ und „Syntax“, sondern unter den Überschriften „Wort“ und „Satz“ dargestellt, weil die Informationen sich keineswegs nur auf den formalen Bereich (etwa: die Bildung von Wörtern und Sätzen) beziehen – im übrigen enthielten auch die traditionellen Grammatiken durchaus schon eine Fülle von Bedeutungsangaben zum Gebrauch grammatischer Formen, wenn auch nicht immer in systematischer Art. Im Gegenteil: Gerade die (oft indirekte) Zuordnung von Laut- und Bedeutungsseite wird als zentraler Gegenstand der Grammatik angesehen (in voller Übereinstimmung mit Konzept (2)). In welcher Weise diese Zuordnung erfolgt, wird in den einzelnen Bereichen genauer gezeigt werden müssen; zentrales Anliegen ist dabei der Nachweis, daß zwischen Laut (Form) und Bedeutung (Inhalt) keine direkte Zuordnung, keine 1:1-Entsprechung vorliegt, sondern sich oft hinter gleichen

(Oberflächen-)Formen unterschiedliche semantische Beziehungen verbergen und gleiche semantische Beziehungen manchmal in einer (Oberflächen-)Form zusammenfallen (neutralisiert werden). In ähnlicher Weise deuten auch im Bereich des Wortschatzes Erscheinungen wie Synonymie und Homonymie auf die indirekte Zuordnung von Form und Inhalt.

Auch wenn mit dieser Zuordnung von Laut und Bedeutung das zentrale Anliegen der Grammatik umschrieben ist, so ist diese Zuordnung unterschiedlich lokalisiert (daraus ergeben sich weitere Bedeutungen des Terminus „Grammatik", bezogen sowohl auf das Konzept (1) als auch auf das Konzept (2)):

- „Grammatik" wird bezogen auf das dem Objekt Sprache selbst innewohnende Regelsystem, unabhängig von dessen Beschreibung durch die Linguistik und unabhängig von dessen Beherrschung durch den Sprecher;
- „Grammatik" wird verstanden als linguistische Abbildung dieses der Sprache selbst innewohnenden Regelsystems;
- „Grammatik" wird aufgefaßt als ein dem Sprecher/Hörer interiorisiertes Regelsystem, auf Grund dessen dieser die betreffende Sprache beherrscht („subjektive Grammatik").

2. Das Wort

2.1. Wortarteneinteilung

2.1.1. Kriterien für die Wortartenklassifizierung

Das Wort, das zugleich eine Grundeinheit der Lexikologie ist, ist – vereinfacht ausgedrückt – die kleinste relativ selbständige, d. h. akustisch bzw. orthographisch abhebbare und zugleich syntaktisch isolierbare Einheit des Satzes (z. B. *müssen, schwimmen, Biene, gut, gern, und, in, oh*). Die grammatischen Eigenschaften der Wörter müssen auf verschiedenen Ebenen beschrieben werden, die den Ebenen des Sprachsystems entsprechen (↑ 1.). Unter grammatischem Gesichtspunkt werden die Wörter eingeteilt in Wortarten (Wortklassen): Wortarten sind eine Menge von Wörtern mit bestimmten gemeinsamen Merkmalen, mit deren Hilfe sie sich von anderen Mengen von jeweils anderen Merkmalen unterscheiden. Die Wortart (oder Wortklasse) wird als „unumgängliche Grundkategorie der grammatischen ... Beschreibung" angesehen (Helbig, in: Beiträge zur Klassifizierung der Wortarten 1977, 5).

In der herkömmlichen „Schulgrammatik" werden gewöhnlich 10 Wortarten unterschieden (von denen die ersten 6 flektierbar, die letzten 4 unflektierbar sind):

- Substantiv
- Artikel
- Pronomen
- Adjektiv
- Numerale
- Verb
- Adverb
- Präposition
- Konjunktion
- Interjektion.

In der wissenschaftlichen Grammatik sind gegen diese Einteilung schon seit langem Bedenken erhoben worden, weil es sich um eine Einteilung handelt, die auf keinem einheitlichen Merkmal (Kriterium) beruht. Vielmehr liegen der genannten Einteilung drei unterschiedliche Arten von Kriterien zugrunde:
- semantische Kriterien

- syntaktische Kriterien
- morphologische Kriterien.

Semantische Kriterien bei der Wortarteinteilung sind Kriterien der Bedeutung. Wortarten werden in direkte Beziehung zu dem gesetzt, was sie in der Außenwelt bezeichnen. So werden z. B. Substantive als Bezeichnungen von „Dingen", Adjektive als Bezeichnungen von „Eigenschaften", Verben als Bezeichnungen von „Tätigkeiten" aufgefaßt (was sich in deutschen Termini wie „Dingwort", „Eigenschaftswort", „Tätigkeitswort" niedergeschlagen hat).

Syntaktische Kriterien bei der Wortarteinteilung ergeben sich aus der Funktion der Wörter im Satz, d. h. daraus, daß die zu den betreffenden Klassen gehörenden Wörter einen bestimmten Stellenwert, eine bestimmte Position und Distribution im Satz haben. So ist es z. B. einleuchtend, daß an der offenen Stelle des Satzrahmens in (1) nur ein Substantiv, in (2) nur ein Verb, in (3) nur ein Adjektiv eingesetzt werden kann:

(1) Der ... arbeitet fleißig.
(2) Der Lehrer ... fleißig.
(3) Er sieht einen ... Lehrer.

Morphologische Kriterien bei der Wortarteinteilung ergeben sich aus der Form und der Veränderbarkeit des Wortes (der Wortform) im Rahmen der Flexion, aus Merkmalen der Konjugierbarkeit, Deklinierbarkeit und Komparierbarkeit. Es gibt Wortarten, die konjugierbar sind, solche, die deklinierbar sind, solche, die deklinierbar und komparierbar, und solche, die weder konjugierbar noch deklinierbar (oder komparierbar) sind.

Es wird zwischen einer heterogenen und einer homogenen Wortartenklassifizierung unterschieden (vgl. STEPANOWA/HELBIG 1978, 41ff.): Eine *heterogene* Wortartenklassifizierung liegt dann vor, wenn semantische, syntaktische und morphologische Kriterien kombiniert bzw. vermischt werden. Eine *homogene* Wortartenklassifizierung strebt nach dem konsequenten Ausgang von einem einzigen Kriterium, z. B. dem morphologischen oder dem syntaktischen Kriterium. Sowohl eine heterogene als auch eine homogene Wortartenklassifizierung haben ihre Schwierigkeiten. Eine heterogene Mischklassifikation (wie z. B. die der Schulgrammatik) läßt die – z. T. unreflektierten – Kriterien nicht erkennen und führt zu ungerechtfertigten Widersprüchen (wo *ein* Kriterium versagt, wird stillschweigend ein *anderes* nachgeschoben). Homogene Klassifikationen stoßen dort auf Grenzen, wo die entsprechenden Merkmale nicht vorhanden sind (so können nicht alle Wortarten semantisch eindeutig voneinander abgehoben werden, sind auch nicht alle Wortarten durch Flexionsmerkmale charakterisierbar). Zumindest sollten die unterschiedlichen Kriterien in bewußter Weise und in hierarchischer Abfolge (nicht unvermischt und unreflektiert) verwendet werden.

2.1.2. Unterschiedliche Klassifizierungsversuche

Die verschiedenen Versuche, Wortarten zu klassifizieren, unterscheiden sich einerseits nach dem heterogenen bzw. homogenen Ansatz, andererseits nach der Dominanz *eines* Kriteriums oder dem Hierarchieverhältnis zwischen den angewandten Kriterien. Es lassen sich – im groben Überblick – folgende Gruppen von Klassifizierungsversuchen erkennen:

1. In älteren Darstellungen werden Wortarten oft in direkter Weise aus den Erscheinungen der Wirklichkeit abgeleitet. In diesem Sinne bilden z. B. nach JUNG (1953, 102ff.) die Wortarten „die Erscheinungen der Außenwelt sprachlich nach": „Ihren sprachlichen Niederschlag findet die Welt der Dinge in den Dingwörtern (Substantiven), finden die Eigenschaften in den Eigenschaftswörtern (Adjektiven), die Tätigkeiten in den Tätigkeitswörtern (Verben)...". Es handelt sich um ein semantisches (sich aus der Sachbedeutung der Wörter ergebendes) Kriterium, dessen Grenze ganz offenkundig ist, weil „Tätigkeitswörter" keineswegs nur Tätigkeiten (vgl. etwa *leiden, liegen, wohnen*), „Dingwörter" keineswegs nur Dinge (vgl. etwa *Härte, Beziehung, Hoffnung*) und „Eigenschaftswörter" keineswegs nur Eigenschaften (vgl. etwa *heutig, städtisch*) bezeichnen, ganz abgesehen davon, daß damit die Funktionswörter (↑ 2.6. bis 2.12.) nicht adäquat eingeordnet werden können.

2. In jüngeren Darstellungen, die die verwendeten Kriterien expliziter reflektieren, gehen einige Grammatiker von GLINZ (1961) aus, der die Überkreuzung verschiedener Kriterien in der herkömmlichen Einteilung vermeiden möchte und nach einer möglichst einheitlichen Klassifizierung sucht, für die in erster Linie semantische und in zweiter Linie morphologische Kriterien ausschlaggebend sind. Wortarten sind für ihn „Gruppen gleich geprägter und gleich veränderlicher Wörter", sind charakterisiert durch „besondere inhaltliche Prägung und besondere Teilverwandlungsfähigkeit" (GLINZ ^{2}1961, 456, 115) – wobei die „inhaltliche Prägung" nicht identisch ist mit einer direkten Abbildung außersprachlicher Sachverhalte wie bei JUNG (↑ 2.1.2., 1.), sondern eine begrifflich-geistige Prägung meint. Daraus resultiert die Annahme folgender Wortklassen (vgl. GLINZ 1957, 30ff.; ^{2}1961, 456):

- Vorgangswörter (= Verben)
- Größenwörter (= Substantive)
- Begleiter und Stellvertreter der Größenwörter (= Artikel, Pronomina, Numeralia)
- Art- oder Merkmalswörter (= Adjektive einschließlich der Adjektiv-Adverbien)
- Partikeln (reine Adverbien, Konjunktionen, Präpositionen)
- Interjektionen.

Die inhaltliche Grundprägung wird zum entscheidenden Kriterium für die Wortarteinteilung; den verschiedenen Grundprägungen entsprechen jeweils bestimmte Formmerkmale („Vorgangswörter“ sind konjugierbar, „Größenwörter“ sowie deren Begleiter und Stellvertreter sind deklinierbar usw.).

Ähnliche Wortartenklassifizierungen finden sich – wenn auch mit einer unterschiedlichen Dominanz der Kriterien – in der DUDEN-GRAMMATIK ([1]1959, [2]1966, [3]1973, [4]1984), bei ERBEN ([7]1964, 18ff.; 1968, 38ff.) und später bei JUNG ([5]1973, 170ff.). Bei der DUDEN-GRAMMATIK wird die unterschiedliche Dominanz der Kriterien sogar in den verschiedenen Auflagen deutlich: Die 1. Auflage bezieht sich primär auf semantische und sekundär auf syntaktische und morphologische Kriterien, die 2. Auflage nennt nur noch die semantischen und die morphologischen Kriterien (nicht mehr die syntaktischen), die 3. (und 4.) Auflage umgekehrt betont die syntaktischen und die (damit eng verbundenen) morphologischen Merkmale. Auch ERBEN beruft sich auf die drei unterschiedlichen Kriterien, von denen das der „Funktion“ primär ist, Funktion jedoch anfangs ([7]1964) semantisch, später (1968) offenbar weiter verstanden wird, da nunmehr – parallel zur 3. Auflage der DUDEN-GRAMMATIK – die syntaktischen und morphologischen Merkmale in den Mittelpunkt treten, die semantischen Merkmale nur noch zusätzlich genannt werden. Diese Modifikationen in den Dominanzverhältnissen der Kriterien sind wissenschaftsgeschichtlich – nicht zuletzt durch die Forderung nach Homogenität der Kriterien – bedingt. Abgesehen von einzelnen Zuordnungen sind diese Versuche um eine Explizierung und Hierarchie der Kriterien bemüht, sie verwenden jedoch insgesamt noch heterogene Kriterien.

3. Im Unterschied dazu stehen Grammatiker, die die Kritik an einer heterogenen Wortartenklassifizierung zurückweisen, sie nicht als Notbehelf ansehen, vielmehr als notwendig und sich aus der vielseitigen und aspektmäßigen Natur der sprachlichen Erscheinungen ergebend begründen. Für diese Gruppe steht z. B. ADMONI ([2]1966, 60ff.), der die dominierende Stellung eines einzigen Kriteriums ablehnt, von den bekannten drei Kriterien ausgeht (der syntaktischen Funktion, der morphologischen Struktur und dem „verallgemeinerten Bedeutungsgehalt“, der nicht mit der lexikalischen Bedeutung der Wörter identisch ist, diese vielmehr überlagere) und im Resultat 13 Wortarten (bei ihm: „Redeteile“) annimmt (den in der Schulgrammatik üblichen Klassen werden Modalwort, Partikel und Negation hinzugefügt). In ähnlicher Weise plädiert auch W. SCHMIDT ([4]1973, 49ff.) für eine heterogene Wortklassifizierung nach mehreren verschiedenen Einteilungsgesichtspunkten, räumt aber doch dem semantischen Kriterium (der „begrifflich-kategorialen Prägung“) ein Primat ein und übernimmt auch Einzelzuordnungen von GLINZ, der DUDEN-GRAMMTIK u. a.

4. Sowohl von der unter 2. genannten Gruppe (wo zwar an der Heterogenität der Kriterien Kritik geübt wird, aber dennoch mehrere Kriterien – z. T. in ex-

pliziter Rangfolge – in unterschiedlicher Weise mit einem ähnlichen praktischen Resultat verwendet werden) als auch von der unter 3. genannten Gruppe (wo die Heterogenität der Kriterien gerechtfertigt und auch ein relativ enger Anschluß an die herkömmliche Klassifizierung angestrebt wird) unterscheiden sich solche Versuche, die Wortarten nach einem möglichst einheitlichen, einem homogenen Kriterium zu bestimmen. Für die Wortarten als grammatische Klassen bietet sich dabei ein grammatisches (morphologisches oder syntaktisches) Kriterium an. Eine übersichtliche Gliederung der Wortarten unter Ausschluß semantischer Kriterien primär nach morphologischen Gesichtspunkten hat FLÄMIG vorgeschlagen, zugleich mit einem für den Mutterspracherunterricht gedachten algorithmenartigen Wortartermittlungsverfahren (vgl. FLÄMIG 1966, 335ff.; FLÄMIG, in: BEITRÄGE ZUR KLASSIFIZIERUNG DER WORTARTEN 1977, 44ff.; FLÄMIG, in: KLEINE ENZYKLOPÄDIE – DIE DEUTSCHE SPRACHE 1970, 835; SKIZZE DER DEUTSCHEN GRAMMATIK 1972, 129; GRUNDZÜGE 1981, 490ff.):

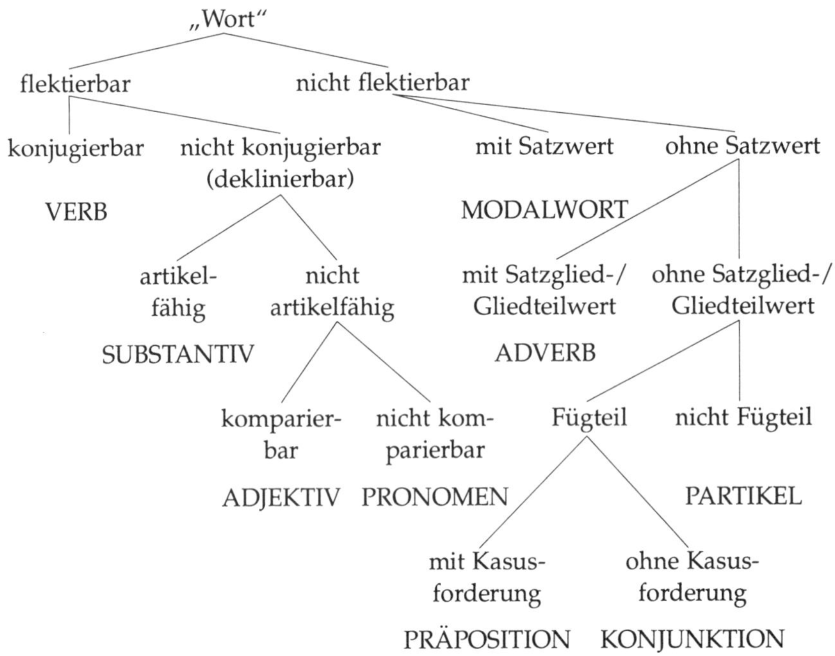

Mit Hilfe morphologischer Merkmale werden in der Tat Verb, Substantiv, Adjektiv und Pronomen eindeutig voneinander abgehoben. Bei den nicht flektierbaren Wörtern dagegen – die keine solchen morphologischen Merkmale der Formveränderung haben – müssen zur Wortartklassifizierung in sekundärer Weise syntaktische Kriterien (wie z. B. Satz-, Satzglied-, Satzgliedteilwert bzw. Fügecharakter) eingefügt werden.

5. Ausgehend von den Belangen des Fremdsprachenunterrichts haben HELBIG/BUSCHA ([8]1984, 19ff.; vgl. vorher HELBIG 1968) eine Wortartklassifizierung entwickelt, die primär auf syntaktischen Kriterien (des Stellungswertes der Wörter im Satz) beruht. Jede Wortklasse kann charakterisiert werden auf Grund ihres syntaktischen Stellenwertes, während nicht alle Wortklassen morphologische Merkmale und eine eindeutig zu ermittelnde Grundbedeutung haben (das ist der Vorzug des syntaktischen gegenüber dem semantischen und dem morphologischen Kriterium). Aber (das ist der Nachteil des syntaktischen Kriteriums) die ausschließliche Anwendung des syntaktischen Positionskriteriums führt zu einer Fülle von (Distributions-)Klassen, die für viele Zwecke der Praxis schwer überschaubar sind, macht deshalb nicht nur die Einbeziehung tieferer syntaktischer Beziehungen (über die Position in der Oberfläche hinaus), sondern für eine Resultatsgrammatik auch bestimmte Vereinfachungen nötig. Deshalb werden bei der Realisierung einer solchen Resultatsgrammatik unterschieden (vgl. HELBIG/BUSCHA ([8]1984):

- Verben
- Substantivwörter (einschließlich substantivische Pronomina)
- Adjektive
- Adverbien
- Funktionswörter I (Artikelwörter (einschließlich adjektivische Pronomina), Pronomen *es*)
- Funktionswörter II (Präpositionen, Konjunktionen)
- Funktionswörter III (Partikeln, Modalwörter, Negationswörter, Satzäquivalente (einschließlich Interjektionen)).

  Dabei wird die Zusammenfassung der Negationswörter und die Ausgliederung des Pronomens *es* nicht als eigentliche Wortklasse verstanden, sondern als durch den spezifischen Praxisbereich bedingter Kompromiß.

Insgesamt zeigt diese grobe Übersicht, daß die Einteilungen (und auch die Zahl der angenommenen Wortarten) sich nach den verwendeten Kriterien unterscheiden, daß aber andererseits faktisch alle in der deutschen Sprache vorhandenen Wortarten in den verschiedenen Darstellungen erscheinen, unabhängig davon, ob sie als selbständige Klassen anerkannt oder als Teilklassen anderen Klassen zugeordnet werden (vgl. STEPANOWA/HELBIG 1978, 57f.). Daraus kann jedoch nicht die Schlußfolgerung gezogen werden, daß es sich nur um einen „Gelehrtenstreit“ handelt; denn diese unterschiedlichen Kriterien (ihre Hierarchie und Rangfolge) haben Auswirkungen auf die unterschiedlichen Zuordnungen bestimmter Streitfälle (↑ 2.1.3.). Worauf es aber vor allem ankommt, ist eine volle Wortartcharakteristik, die die morphologischen, syntaktischen und semantischen Merkmale einschließt, die darüber hinaus zeigen wird (↑ 2.2. bis 2.12.), daß die Anwendung der genannten Merkmale nicht immer zu der gleichen Klassenbildung führt (zwischen ihnen also nicht immer eine 1:1-Entsprechung besteht) und daß innerhalb der einzelnen Wortklassen verschiedene Subklassen zu unterscheiden sind (wobei wiederum morphologische, syntaktische und semantische Kriterien im Spiele sind).

2.1.3. Umstrittene Wortklassen

Im folgenden sei an einigen Beispielen einleitend verdeutlicht, wie die Anwendung verschiedener Kriterien zu verschiedenen Zuordnungen zu Wortarten führt und mit Hilfe welcher Kriterien welche Zuordnungen gestützt werden können.

1. Konjunktion und Präposition unterscheiden sich nicht auf Grund des morphologischen Kriteriums (in beiden Fällen: unflektierbar) oder auf Grund des semantischen Kriteriums (gleiche semantische Merkmale), sondern nur auf Grund syntaktischer Merkmale (z. B. Endstellung des finiten Verbs bei (1), nachfolgender Genitiv bei (2)):

(1) **Während** er aß, las er die Zeitung. (Konjunktion)
(2) **Während** des Essens las er die Zeitung. (Präposition)

2. Adjektiv und „Adjektiv-Adverb" unterscheiden sich nicht morphologisch und auch nicht oberflächensyntaktisch (nach Position und Umgebung in der Oberfläche), wohl aber tiefensyntaktisch (durch unterschiedliche Relationen, die durch Transformationen operationalisierbar sind) und folglich auch durch die semantischen Beziehungen (nicht durch die lexikalische Semantik):

(3) Der Junge ist **fleißig.** (Adjektiv)
(4) Der Junge ißt **fleißig.** (Adjektiv-Adverb)
(3a) → der fleißige Junge
(4a) ↛ der fleißige Junge
→ das fleißige Essen
→ Der Junge ißt. Das Essen ist (geschieht) fleißig.

Das Lexem *fleißig* bezieht sich in (3) auf das Substantiv, in (4) auf das Verb. Das „Adjektiv-Adverb" wird im Deutschen in der Regel auch in (4) als Adjektiv angesehen, wenn man von morphologischen Kriterien ausgeht, jedoch als Adverb verstanden, wenn man (tiefen-)syntaktische Kriterien einbezieht. In anderen Sprachen (vgl. engl. *-ly* oder franz. *-ment)* ist das entsprechende Äquivalent auch morphologisch markiert (so daß dort die Zuordnung zu den Adverbien unbestritten ist).

3. Das Numerale als selbständige Wortart ist nur zu rechtfertigen auf Grund des semantischen Merkmals (Zahl bzw. Quantität), nicht aber auf Grund der anderen

Kriterien. Nach dem syntaktischen Kriterium (Position und Funktion) müssen die Numeralien verschiedenen anderen Wortklassen zugeordnet werden:

(5) Er schreibt den **dritten** Brief. (Adjektiv)
(6) Er schreibt eine **Drei** unter den Aufsatz. (Substantiv)
(7) Er schreibt **dreimal** die gleiche Zahl. (Adverb)

Auch unter morphologischem Aspekt stellen die Numeralien keine einheitliche Wortklasse dar (z. T. flektierbar, z. T. unflektierbar).

4. Auch die Negationswörter ergeben sich als selbständige Wortklasse nur auf Grund des semantischen Kriteriums (der Negation). Morphologisch sind sie z. T. unflektierbar *(nie, nein)*, z. T. flektierbar *(kein, niemand)*. Syntaktisch verhalten sie sich sehr unterschiedlich (wie substantivische Pronomina, adjektivische Pronomina, Adverbien, Satzäquivalente, Konjunktionen, Modalwörter oder Partikeln):

(8) **Niemand** ist gekommen.
(9) Er hat seit langem **kein** Buch gelesen.
(10) Er raucht **niemals.**
(11) **Nein,** er hat nicht geraucht.
(12) Er ißt **weder** Äpfel **noch** Birnen.
(13) Er hat **keineswegs** gelogen.
(14) Kannst du mir **nicht** helfen?

5. Auch die Pronomina gliedern sich syntaktisch in 2 unterschiedliche Klassen:

(15) **Dieser** Mann ist verunglückt.
(16) **Er** ist verunglückt.

Das „adjektivisch gebrauchte" Pronomen in (15) ist ein „Begleiter" des Substantivs und nimmt die Position des Artikels ein (ist ein „Artikelwort" im weiteren Sinne), das „substantivisch gebrauchte" Pronomen in (16) ist ein „Stellvertreter" des Substantivs und nimmt die Position des Substantivs ein (ist ein „Substantivwort" im weiteren Sinne). Pronomina der 1. und 2. Person *(ich, wir; du, ihr)* sind dagegen wohl „Substantivwörter", aber weder Stellvertreter noch Begleiter, sondern die einzig adäquaten Bezeichnungsmittel für die sprechende und die angesprochene Person. Auch morphologisch bilden die Pronomina keine völlig einheitliche Gruppe. Ihre Gemeinsamkeit besteht darin, daß sie (als Substitute) nicht direkt einen Sachverhalt bezeichnen, sondern nur auf ihn verweisen (vermittelt durch eine andere lexikalische Einheit, die ihn bezeichnet). Insofern gehören sie – neben anderen Einheiten (z. B. Pronominaladverbien (↑ 2.5.2.1.) oder Pro-Adverbien (↑ 2.5.2.2.) – zu der größeren Gruppe der Prowörter (↑ 2.5.2.2.), deren spezifische Funktion in der Verknüpfung von Sätzen zu Texten besteht. (↑ 4.1.).

2.2. Das Verb

Das Verb gilt aus verschiedenen Gründen als zentrale Wortart:
- Es ist Träger vieler Kategorien (Person, Numerus, Tempus, Modus, Genus) (↑ 2.2.3.) und zugleich die einzige konjugierbare Wortart.
- Es gibt in der Regel keinen (vollständigen) Satz ohne Verb.
- Die Stellung des Verbs im Satz ist strikt festgelegt (Erst-, Zweit-, Endstellung); dadurch werden die Stellungstypen des deutschen Satzes (↑ 3.3.1.1.) bestimmt.
- Das Verb entscheidet auch über die weitere Ausgestaltung des Satzes mit anderen Gliedern und ist die einzige Wortart, die sich auf die Struktur des Gesamtsatzes auswirkt. Wie beim Anknipsen des Lichtes in einem dunklen Raum, so ist mit dem Verb zugleich der Satz da (vgl. Heringer in: Pragmatik in der Grammatik 1984, 49).

2.2.1. Einteilung der Verben

2.2.1.1. Einteilung nach morphologischen Kriterien

1. Nach der Art der Flexion werden regelmäßige („schwache") und unregelmäßige („starke") Verben unterschieden:

- Regelmäßige Verben bilden ihr Präteritum mit Hilfe des Suffixes *-te-*, unregelmäßige Verben ohne zusätzliches Suffix.
- Regelmäßige Verben bilden ihr Partizip II mit dem Suffix *-t-* oder *-et-*, unregelmäßige Verben mit Hilfe des Suffixes *-en-*.
- Regelmäßige Verben ändern im Präteritum und Partizip II ihren Stammvokal nicht, unregelmäßige Verben ändern ihn in gesetzmäßiger Weise in den drei Stammformen Infinitiv – Präteritum – Partizip II (Ablaut):

(1) fr**a**gen – fr**agte** – gefr**agt** (regelmäßig)
(2) f**i**nden – f**a**nd – gef**u**nd**en** (unregelmäßig)

Darüber hinaus ist die 1. und 3. Pers. Sing. im Präteritum der unregelmäßigen Verben endungslos (vgl. (1) und (2)). Bei einigen unregelmäßigen Verben ändert sich der Stammvokal in der 2. und 3. Pers. Sing. durch Umlaut *(ich backe, du b**ä**ckst, er b**ä**ckt)* oder durch *e*/*i*-Wechsel *(ich helfe, du h**i**lfst, er h**i**lft)*. Es gibt einige regelmäßige Verben *(brennen, kennen, nennen, rennen, senden, wenden)*, die zwar einen (sprachgeschichtlich bedingten) Vokalwechsel *(e – a)* haben, der jedoch kein Ablaut ist *(brennen – br**a**nnte – gebr**a**nnt)*.

Die (zahlenmäßig begrenzten) unregelmäßigen Verben lassen sich – je nach der Art des Vokalwechsels in den Stammformen (bedingt durch den Vokal im

Präsens und den jeweils folgenden Laut) – in mehrere Klassen einteilen, z. B. (illustriert an Beispielen):

(3) bl**ei**ben – bl**ie**b – gebl**ie**ben
(4) g**ie**ßen – g**o**ß – geg**o**ssen
(5) f**i**nden – f**a**nd – gef**u**nden
(6) h**e**lfen – h**a**lf – geh**o**lfen
(7) **e**ssen – **a**ß – geg**e**ssen
(8) bew**e**gen – bew**o**g – bew**o**gen
(9) f**a**llen – f**ie**l – gef**a**llen
(10) sch**a**ffen – sch**u**f – gesch**a**ffen
(11) l**au**fen – l**ie**f – gel**au**fen

Es gibt Mischtypen von regelmäßiger und unregelmäßiger Konjugation:

- einen Typ, bei dem das Präteritum regelmäßig, das Partizip II unregelmäßig ist (oder umgekehrt):
  (12) mahlen – mahlte – gemahlen
  (13) spalten – spaltete – gespaltet/gespalten
  (14) stecken – steckte/stak – gesteckt

- einen Typ, bei dem regelmäßige und unregelmäßige Konjugationsformen ohne Bedeutungsunterschied nebeneinanderstehen (z. B. *gären, melken, triefen)*

- einen Typ, bei dem regelmäßige und unregelmäßige Konjugationsformen mit Bedeutungsunterschied nebeneinanderstehen (z. B. *schaffen, schleifen, bewegen, wiegen)*:
  (15) Der Dichter **schuf** ein großes Kunstwerk. (= schöpferisch gestalten)
  (16) Wir haben heute viel **geschafft.** (= arbeiten, erledigen)

- einen Typ, bei dem regelmäßige und unregelmäßige Konjugationsformen mit Bedeutungsunterschied (die regelmäßigen Formen bezeichnen das Bewirken eines Zustands, die unregelmäßigen Formen den Zustand selbst) und mit Valenzunterschied (die regelmäßigen Formen sind transitiv, die unregelmäßigen Formen intransitiv) nebeneinanderstehen (z. B. *bleichen, erschrecken, hängen)*:
  (17) Er **hängte** das Bild an die Wand.
  (18) Das Bild **hing** an der Wand.

2. Nach der Konjugiertheit werden finite von infiniten Verbformen unterschieden. Verben sind prinzipiell konjugierbar, aber Verbformen können finit (= konjugiert) oder infinit (= nicht konjugiert) sein:

- Die finiten Verbformen drücken alle 5 Kategorien des Verbs aus: Person (1., 2. und 3. Person), Numerus (Singular, Plural), Tempus (Präsens, Präteritum,

Perfekt, Plusquamperfekt, Futur I, Futur II), Genus (Aktiv, Passiv), Modus (Indikativ, Konjunktiv, Imperativ). Da auch die grammatische Person ausgedrückt wird, nennt man die finiten Formen auch Personalformen des Verbs. Jeder Satz (auch jeder Teilsatz) enthält eine finite Verbform; daneben können mehrere infinite Verbformen auftreten:

(19) Ich habe ihn gestern besuchen können.

- Die infiniten Verbformen drücken nicht die Kategorien der Person, des Numerus und des Modus, sondern nur die des Tempus und des Genus aus. Man unterscheidet zwei Arten von infiniten Verbformen: den Infinitiv und das Partizip. Die weitere Untergliederung ergibt Infinitiv I (Präsens) (z. B. *laufen, finden)* – als Grundform des Verbs, wie sie im Lexikon angegeben wird –, Infinitiv II (Perfekt) (z. B. *gelaufen sein, gefunden haben)* – beide mit den entsprechenden Passivformen (z. B. *gefunden werden, gefunden worden sein)* –, Partizip I (Präsens) (z. B. *laufend, schwimmend)* und Partizip II (Perfekt) (z. B. *gelaufen, geschwommen)*. Die infiniten Formen können neben verbalen auch nominale Funktionen übernehmen (deshalb werden sie auch „Nominalformen" des Verbs genannt) und weitere Ergänzungen zu sich nehmen (mit denen sie nebensatzartige Funktionen haben (Infinitiv- und Partizipialkonstruktion; vgl. ↑ 3.6.3.).

2.2.1.2. Einteilung nach syntaktischen Kriterien

1. Nach dem Verhältnis im Prädikat unterscheidet man zwischen Vollverben (die allein das Prädikat des Satzes bilden) und Hilfsverben (die nicht allein, sondern zusammen mit anderen Gliedern das Prädikat bilden, also „helfen", das Prädikat aufzubauen). Unter den Hilfsverben gibt es zwei Hauptgruppen:
- *haben, sein, werden:* als temporale Hilfsverben kommen sie zusammen mit Infinitiv und Partizip II vor und dienen der Tempusbildung;
- *dürfen, können, mögen, müssen, sollen, wollen:* als modale Hilfsverben (bzw. Modalverben; ↑ 2.2.4.1.) kommen sie zusammen mit dem Infinitiv vor und drücken eine Modalität (Fähigkeit, Möglichkeit, Notwendigkeit, Wunsch, Gewißheit, Vermutung u. a.) aus.

Darüber hinaus gibt es einige Gruppen von Verben, die den Hilfsverben nahestehen (das Prädikat auch nicht allein bilden):

- modifizierende Verben, die nur zusammen mit einem Infinitiv vorkommen und in der Bedeutung den modalen Hilfsverben ähnlich sind *(scheinen, brauchen, pflegen, wissen, bleiben* u. a.):

  (1) Er scheint zu schlafen.

  (2) Er braucht nicht zu kommen.

- Funktionsverben (↑ 2.2.4.2.), die nur im Zusammenhang mit einem nomina-

len Bestandteil vorkommen, der die hauptsächliche Bedeutung trägt und mit dem sie zusammen das Prädikat bilden:
(3) zur Aufführung bringen, zur Aufführung kommen, Anerkennung finden

- „*bekommen*"-Verben (↑ 2.2.3.4., 5.), die in einer bestimmten Verwendung nur zusammen mit dem Partizip II vorkommen und zur Umschreibung des Passivs dienen:
(4) Er bekommt das Buch geschenkt.

- Phasenverben, die nur zusammen mit dem Infinitiv vorkommen und der Bezeichnung der zeitlichen Abstufung des Geschehens dienen (z. B. *anfangen, beginnen, aufhören)*

- Kopulaverben, die zusammen mit einem Adjektiv oder Substantiv (als Prädikativ) das Prädikat bilden *(sein, werden, bleiben).*

2. Nach dem Verhältnis zum Subjekt lassen sich vier Gruppen von Verben unterscheiden:

- Die meisten Verben können mit einem Subjekt aller 3 Personen verbunden werden (= persönliche Verben):
(5) **Ich** schwimme, **du** schwimmst, **er** schwimmt ...

- Einige Verben können nur mit einem Subjekt der 3. Person verbunden werden (z. B. *mißlingen, gelingen, geschehen, glücken, sich ereignen).*

- Andere Verben werden in der Regel nur mit dem unpersönlichen *es* (3. Pers.) als Subjekt verbunden (= unpersönliche Verben):
(6) **Es** regnet, schneit, hagelt, nieselt, dunkelt, tagt ...

- Manche Verben erscheinen notwendig mit einem logischen Subjekt im Plural, das grammatisch entweder durch ein pluralisches Subjekt oder durch ein singularisches Subjekt in Verbindung mit einer Präpositionalgruppe ausgedrückt wird:
(7a) **Wir** vereinbarten einen Termin.
(7b) **Ich** vereinbare **mit ihm** einen Termin.

3. Nach dem Verhältnis zum Objekt werden transitive und intransitive Verben unterschieden:
- Transitive Verben sind solche Verben, bei denen ein Akkusativobjekt stehen kann, das bei einer Verwandlung ins Passiv zum Subjektsnominativ wird (z. B. *besuchen, finden, erwarten, senden).*
- Intransitive Verben sind solche Verben, bei denen kein Akkusativobjekt stehen kann (unabhängig davon, ob ein anderes Objekt stehen kann) (z. B. *denken, helfen, glauben, wachsen, warten).*

Diese Grobklassifizierung verlangt einige Spezifizierungen:

- Als transitiv werden auch solche Verben bezeichnet, bei denen das (subjektfähige) Akkusativobjekt im konkreten Satz nicht erscheint, wohl aber erscheinen kann (intransitive Verwendung transitiver Verben):
  (8) Er prüft (die Studenten).
- Nicht zu den transitiven Verben gerechnet werden jene Verben mit einem Akkusativobjekt, das bei der Verwandlung ins Passiv nicht zum Subjektsnominativ werden kann („Mittelverben") (z. B. *behalten, bekommen, erhalten, umfassen, enthalten).*
- Zu den intransitiven Verben gehören sowohl solche Verben, die außer dem Subjekt keine weitere Ergänzung im Satz brauchen (z. B. *blühen, scheinen, schwimmen, untergehen)* – sie werden absolute Verben genannt –, als auch ein Teil derjenigen Verben, die außer dem Subjekt mindestens eine weitere Ergänzung im Satz brauchen, damit der Satz grammatisch vollständig wird (z. B. *helfen, sich widmen, gedenken, wohnen, sorgen)* – diese Verben werden relative Verben genannt. Relative Verben können transitiv (wenn sie ein Akkusativobjekt bei sich haben) oder intransitiv sein (wenn sie ein Dativ-, Genitiv- oder Präpositionalobjekt bei sich haben); absolute Verben sind immer intransitiv. Alle transitiven Verben sind relativ, aber nicht alle relativen Verben sind transitiv:

(9) Er besucht seinen Freund.	(transitiv; relativ)
(10) Der Koffer enthält zwei Anzüge.	(Mittelverb; relativ)
(11) Er hilft seinem Freund.	(intransitiv; relativ)
(12) Wir gedenken der Toten.	(intransitiv; relativ)
(13) Wir warten auf den Freund.	(intransitiv; relativ)
(14) Berlin liegt an der Spree.	(intransitiv; relativ)
(15) Die Rosen verblühen.	(intransitiv; absolut)

- Die Unterscheidung zwischen transitiv und intransitiv gibt somit keine Auskunft darüber, welcher Art die Ergänzungen sind und ob sie obligatorisch oder fakultativ auftreten. Solche Unterscheidungen sind erst von der Valenz (↑ 2.2.1.2., 6.) her möglich.

4. Nach dem Verhältnis zu Subjekt und Objekt unterscheidet man die besonderen Gruppen der reflexiven und reziproken Verben (vgl. genauer ↑ 2.2.4.3.):
- Reflexive Verben sind solche Verben, bei denen sich das Reflexivpronomen *sich* (bzw. die entsprechenden Personalpronomina der 1. oder 2. Pers.) auf das Subjekt des Satzes „zurückbezieht" *(ich freue **mich**, du freust **dich**, er freut **sich**).*
- Reziproke Verben sind solche Verben, bei denen eine wechselseitige Beziehung zwischen Subjekten und Objekten vorliegt:

(16) Peter und Monika lieben sich.
← (16a) Peter liebt Monika.
← (16b) Monika liebt Peter.

Mitunter kann vom konkreten Satz her nicht eindeutig entschieden werden, ob ein reflexives oder reziprokes Verhältnis gemeint ist:

(17) Inge und Rolf kämmen sich.
← (17a) Inge kämmt sich, (und) Rolf kämmt sich. (reflexiv)
← (17b) Inge kämmt Rolf, (und) Rolf kämmt Inge. (reziprok)

Innerhalb der reflexiven Verben (im weiteren Sinne) sind zwei Hauptgruppen zu unterscheiden:

- reflexive Verben (im engeren Sinne), bei denen das Reflexivpronomen zum Prädikat (zur Lexikon-Eintragung) gehört, nicht durch ein Objekt (bzw. ein anderes Personalpronomen) ersetzt werden kann und zumeist obligatorisch ist (z. B. *sich bedanken, sich beeilen, sich betrinken, sich einbilden, sich erkälten, sich erholen);*
- reflexive Konstruktionen, bei denen das Reflexivpronomen nicht zum Prädikat (zur Lexikon-Eintragung) gehört, vielmehr Objekt ist und deshalb auch durch ein anderes Objekt (bzw. Personalpronomen) ersetzt werden kann (z. B. *fragen, kämmen, verletzen, verzeihen, verteidigen, waschen).*

  (18) Er kämmt **sich/ihn**.

5. Syntaktisch werden die Verben auch eingeteilt nach ihrer Rektion. Rektion ist ihre Fähigkeit, ein von ihnen abhängiges Substantiv (oder Pronomen) in einem bestimmten Kasus (Akkusativ, Dativ, Genitiv, Präpositionalgruppe) zu fordern. Die von der Rektion des Verbs geforderten Kasus heißen casus obliqui (= abhängige Kasus). Nach der Rektion sind zahlreiche Gruppen zu unterscheiden, z. B.

- Verben, die den Akkusativ regieren (z. B. *achten, benutzen, bewundern, beschreiben, beurteilen, ersteigen, essen, hassen);*
- Verben, die den Dativ regieren (z. B. *ähneln, angehören, beistimmen, danken, einleuchten, entlaufen, nutzen, schaden, helfen);*
- Verben, die den Genitiv regieren (z. B. *sich bedienen, bedürfen, sich bemächtigen, sich enthalten, sich erinnern, gedenken);*
- Verben, die einen Präpositionalkasus regieren (die weiter differenziert werden können danach, welche Präposition stehen muß) (z. B. *hängen, denken (an), basieren (auf), sich ergeben (aus), anrufen (bei), eintreten (für), sich täuschen (in), sich abgeben (mit), duften (nach), sich ärgern (über), sich sorgen (um), sich ekeln (vor), dienen (zu));*
- Verben, die einen doppelten Akkusativ regieren (z. B. *abfragen, fragen, kosten, lehren, nennen, schelten, schimpfen);*

- Verben, die den Akkusativ und Dativ regieren (z. B. *anbieten, geben, befehlen, entziehen, nachweisen, verbieten, zuweisen);*
- Verben, die den Akkusativ und Genitiv regieren (z. B. *anklagen, belehren, berauben, beschuldigen, aufheben, verdächtigen).*

6. Nach dem Verhältnis zu allen Ergänzungen (Aktanten) im Satz, nach der Valenz (Wertigkeit) des Verbs werden die Verben hinsichtlich der Zahl (und darüber hinaus auch: der Art) der nötigen und möglichen Aktanten klassifiziert. Die Valenz des Verbs ist dessen Fähigkeit, bestimmte Leerstellen im Satz zu eröffnen (zu binden), die durch Aktanten (Ergänzungen) besetzt werden müssen (obligatorische Aktanten) oder besetzt werden können (fakultative Aktanten). Wie in der Chemie unter der Wertigkeit eines Atoms die Zahl der Wasserstoffatome verstanden wird, die es binden kann und muß (damit es gesättigt wird) – so ist z. B. Sauerstoff zweiwertig, da es nur durch zwei Atome Wasserstoff gesättigt wird (= H_2O) –, so bedürfen auch die Verben einer unterschiedlichen Zahl von Aktanten, damit sie ihre Bedeutung realisieren können, damit sie „gesättigt" sind und ein grammatisch vollständiger Satz entsteht:

(19) Die Rose verblüht.
(20) Er besucht seinen Freund.
(21) Er ißt (einen Apfel).

In (19) braucht das Verb nur einen Aktanten (das Subjekt), in (20) und (21) jedoch 2 Aktanten (Subjekt und Objekt). Der zweite Aktant in (20) ist obligatorisch (nicht weglaßbar), in (21) jedoch fakultativ (zwar im „Stellenplan" des Verbs verankert, aber weglaßbar) (vgl. HELBIG/SCHENKEL [2]1973, 31ff.).

Nach der Valenz des Verbs lassen sich (ohne Einschluß der Differenzierung zwischen obligatorischen und fakultativen Aktanten) folgende Gruppen unterscheiden:
- nullwertige Verben (z. B. *schneien, blitzen, rieseln)*
- einwertige Verben (z. B. *eingehen, schwimmen, schlafen)*
- zweiwertige Verben (z. B. *erwarten, besuchen, lesen, begegnen, gehören, gedenken, liegen, wohnen)*
- dreiwertige Verben (z. B. *geben, beschuldigen, nennen, stellen, legen, abgewöhnen, bezeichnen).*

2.2.1.3. Einteilung nach semantischen Kriterien

1. Auf Grund der Bedeutung der Verben (der Art des semantischen Prädikats) lassen sich folgende Grobklassen unterscheiden: (vgl. HELBIG 1983, 67ff.):
- Tätigkeitsverben drücken aus, daß ein Subjekt (als Agens) in aktiver Weise eine Handlung ausführt (z. B. *arbeiten, essen, öffnen, schlagen).*

- Vorgangsverben drücken aus, daß ein Subjekt (ohne Agens zu sein) eine Veränderung an sich erfährt und dabei in seinem Zustand (oder seiner Beschaffenheit) verändert wird (z. B. *erfrieren, einschlafen, fallen, sterben).*
- Zustandsverben drücken einen Zustand des Subjekts aus, der sich nicht ändert (z. B. *sich befinden, liegen, umgeben, wohnen).*

Tätigkeitsverben können durch „Was macht das Subjekt?", Vorgangsverben durch „Was geschieht dem Subjekt?" erfragt werden. Manchmal stehen Tätigkeits-, Vorgangs- und Zustandsverben in regulärer Beziehung zueinander:

(22) Er **zerbrach** die Tasse. (Tätigkeitsverb)
(23) Die Tasse **zerbrach.** (Vorgangsverb)
(24) Das Mädchen **erkrankte.** (Vorgangsverb)
(25) Das Mädchen **kränkelte.** (Zustandsverb)

2. Auf Grund der Aktionsart (der Verlaufsweise oder Abstufung des vom Verb bezeichneten Geschehens) unterscheidet man 2 Hauptgruppen von Verben (die jeweils wieder mehrere Untergruppen haben):

- durative (auch: imperfektive oder kursive) Verben, die den Verlauf eines Geschehens bezeichnen, ohne etwas über Begrenzung und Abstufung, Anfang oder Ende des Geschehens auszusagen (z. B. *arbeiten, essen, blühen, laufen, schlafen),*
- perfektive (auch: terminative) Verben, die den Verlauf des Geschehens zeitlich eingrenzen oder den Übergang von einem Geschehen (bzw. Zustand) zu einem anderen ausdrücken (z. B. *einschlafen, aufessen, verblühen, zerschneiden).*

Diesen semantischen Klassen (der Aktionsarten) sind im Deutschen nicht in systematischer Weise ganz bestimmte grammatische Mittel zugeordnet. Vielmehr stehen zu ihrem Ausdruck unterschiedliche Mittel (Wortbildungsmittel, syntaktische und lexikalische Mittel) zur Verfügung. Dennoch haben sie Reflexe in der Grammatik:

- Intransitive Verben bilden ihr Perfekt in der Regel mit *haben*, wenn sie durativ sind, aber mit *sein*, wenn sie perfektiv sind:

(26) Er **hat** geschlafen. (durativ)
(27) Er **ist** eingeschlafen. (perfektiv)
(28) Er **ist** aufgewacht. (perfektiv)

- Das Partizip II kann als Attribut verwendet werden nur bei perfektiven, nicht bei durativen Verben:

(29) *das geschlafene Kind
(30) das eingeschlafene Kind
(31) das aufgewachte Kind

- Das Zustandspassiv (↑ 2.2.3.4., 3.) kann in der Regel nur gebildet werden bei perfektiven Verben (oder solchen durativen Verben, die eine terminative Bedeutung angenommen haben):
  (32) Die Tür ist geöffnet.
  (33) *Die Frau ist bewundert.
  (34) Das Heu ist geerntet.

2.2.2. Formensystem des Verbs

Das deutsche Verb hat ein ausgebautes Formensystem, da es Träger von 5 Kategorien ist (Person, Numerus, Tempus, Modus, Genus) (↑ 2.2.1.1.), die in seinem Konjugationsparadigma ihren Ausdruck finden.

1. Präsens

		Aktiv	
		Indikativ	Konjunktiv
Sing.			
1. Pers.	*ich*	*frag-**e***	*frag-**e**-∅*
2. Pers.	*du*	*frag-**st***	*frag-**e**-st*
3. Pers.	*er, sie, es*	*frag-**t***	*frag-**e**-∅*
Plur.			
1. Pers.	*wir*	*frag-**en***	*frag-**e**-n*
2. Pers.	*ihr*	*frag-**t***	*frag-**e**-t*
3. Pers.	*sie*	*frag-**en***	*frag-**e**-n*

	Passiv	
	Indikativ	Konjunktiv
Sing.		
1. Pers.	*ich werde gefragt*	*ich werde gefragt*
2. Pers.	*du wirst gefragt*	*du werdest gefragt*
	...	...

Der Indikativ Aktiv wird bei regelmäßigen Verben gebildet, indem an den Stamm die hervorgehobenen Personalendungen angefügt werden. Bei den entsprechenden Konjunktivformen erscheint überall ein *-e-* (als Konjunktivformativ) nach dem Stamm und vor der Personalendung. Steht vor oder nach dem Konjunktiv-*e* bereits ein anderes *-e-*, so werden beide zu einem *-e-* zusammengezogen. Auf diese Weise fallen Ind. und Konj. in einigen Fällen formal zusammen (1. Pers. Sing. und Plur., 3. Pers. Plur.). In der 3. Pers. Sing. unterscheiden sich Indikativ und Konjunktiv durch unterschiedliche Endungen.

Das Passiv (Vorgangspassiv) im Präsens wird gebildet durch die Präsensformen des Hilfsverbs *werden* + Partizip II (entsprechend im Indikativ und im Konjunktiv).

2. Präteritum

Aktiv

Indikativ

Sing.			
1. Pers.	*ich*	*frag-**te**-∅*	*kam-∅*
2. Pers.	*du*	*frag-**te**-st*	*kam-st*
3. Pers.	*er, sie, es*	*frag-**te**-∅*	*kam-∅*

Konjunktiv

Sing.			
1. Pers.	*ich*	*frag-t-**e***	*käm-e*
2. Pers.	*du*	*frag-t-**e**-st*	*käm-**e**-st*
3. Pers.	*er, sie, es*	*frag-t-**e***	*käm-**e***

	Indikativ		Konjunktiv	
Plur.				
1. Pers.	*wir frag-**te**-n*	*kam-en*	*frag-t-**e**-n*	*käm-**e**-n*
2. Pers.	*ihr frag-**te**-t*	*kam-t*	*frag-t-**e**-t*	*käm-**e**-t*
3. Pers.	*sie frag-**te**-n*	*kam-en*	*frag-t-**e**-n*	*käm-**e**-n*

Passiv

	Indikativ	Konjunktiv
Sing.		
1. Pers.	*ich wurde gefragt*	*ich würde gefragt*
2. Pers.	*du wurdest gefragt*	*du würdest gefragt*
	…	…

Der Indikativ Prät. wird bei regelmäßigen Verben *(fragen)* durch Einfügen des Präteritalsuffixes *-te-* zwischen Stamm und Personalendung gebildet, bei unregelmäßigen Verben *(kommen)* durch Ablaut (↑ 2.2.1.1.1). Im Unterschied zum Präsens ist die 1. und 3. Pers. Sing. im Indikativ endungslos, wird das *-e-* der Personalendung nach dem Präteritalsuffix *-te-* bei regelmäßigen Verben eliminiert. Der Konjunktiv Prät. enthält – wie der Konjunktiv Präs. – das Konjunktivformativ *-e-* (zwischen dem Präteritalsuffix *-t-* und der Personalendung bei regelmäßigen Verben, zwischen dem Stamm und der Personalendung bei unregelmäßigen Verben). Da beim Konjunktiv (infolge des Konjunktivformativs) das *-e-* des Präteritalsuffixes ausgestoßen wird, fallen bei den regelmäßigen Verben Indikativ und Konjunktiv formal zusammen. Der Konjunktiv bei unregelmäßigen Verben unterscheidet sich dagegen deutlich vom Indikativ: nicht nur durch das Konjunktivformativ *-e-*, sondern auch durch den Umlaut (bei umlautfähigem Stammvokal).

Das Passiv (Vorgangspassiv) im Präteritum wird gebildet durch die Präteritalformen des Hilfsverbs *werden* + Partizip II (entsprechend im Indikativ und Konjunktiv).

3. Perfekt

Aktiv

Indikativ

Sing.			
1. Pers.	*ich*	*habe* ***ge****-frag-****t***	*bin* ***ge****-komm-****en***
2. Pers.	*du*	*hast* ***ge****-frag-****t***	*bist* ***ge****-komm-****en***
	...		...

Konjunktiv

Sing.			
1. Pers.	*ich*	*habe gefragt*	*sei gekommen*
2. Pers.	*du*	*habest gefragt*	*seiest gekommen*
	...		...

Passiv

		Indikativ	Konjunktiv
Plur.			
1. Pers.	*ich*	*bin gefragt worden*	*sei gefragt worden*
2. Pers.	*du*	*bist gefragt worden*	*seiest gefragt worden*
	...		...

Das Perfekt wird gebildet durch das Präsens des Hilfsverbs *haben* oder *sein* + Partizip II. Das Partizip II wird (soweit nicht besondere Bedingungen vorliegen) gebildet durch das Präfix *ge-* und das Partizipialsuffix *-t* bei regelmäßigen und *-en* bei unregelmäßigen Verben (↑ 2.2.1.1.1.). Die Verwendung von *haben* oder *sein* unterliegt besonderen Regeln (↑ 2.2.3.2., 1.).

4. Plusquamperfekt

Aktiv

Indikativ

Sing.			
1. Pers.	*ich*	*hatte gefragt*	*war gekommen*
2. Pers.	*du*	*hattest gefragt*	*warst gekommen*
	...		...

Konjunktiv

Sing.			
1. Pers.	*ich*	*hätte gefragt*	*wäre gekommen*
2. Pers.	*du*	*hättest gefragt*	*wärest gekommen*
	...		...

Passiv

		Indikativ	Konjunktiv
Plur.			
1. Pers.	*ich*	*war gefragt worden*	*wäre gefragt worden*
2. Pers.	*du*	*warst gefragt worden*	*wärest gefragt worden*
	...		...

Das Plusquamperfekt wird gebildet durch das Präteritum des Hilfsverbs *haben* oder *sein* + Partizip II. Für die Bildung des Partizips II und die Verwendung von *haben* oder *sein* gilt dasselbe wie beim Perfekt (↑ 2.2.3., 1.).

5. Futur I

Aktiv

		Indikativ	Konjunktiv
Plur.			
1. Pers.	*ich*	*werde fragen*	*werde fragen*
2. Pers.	*du*	*wirst fragen*	*werdest fragen*
	...		...

		Passiv	
		Indikativ	Konjunktiv
Plur.			
1. Pers.	*ich*	*werde gefragt werden*	*werde gefragt werden*
2. Pers.	*du*	*wirst gefragt werden*	*werdest gefragt werden*
	...		...

Das Futur I wird gebildet im Aktiv durch das Präsens des Hilfsverbs *werden* + Infinitiv I, im Passiv durch das Präsens des Hilfsverbs *werden* + Infinitiv I Passiv.

5. Futur II

		Aktiv	
		Indikativ	Konjunktiv
Plur.			
1. Pers.	*ich*	*werde gefragt haben*	*werde gefragt haben*
2. Pers.	*du*	*wirst gefragt haben*	*werdest gefragt haben*
	...		...

		Passiv	
		Indikativ	Konjunktiv
Plur.			
1. Pers.	*ich*	*werde gefragt worden sein*	*werde gefragt worden sein*
2. Pers.	*du*	*wirst gefragt worden sein*	*werdest gefragt worden sein*
	...		...

Das Futur II wird gebildet im Aktiv durch das Präsens des Hilfsverbs *werden* + Infinitiv II, im Passiv durch das Präsens des Hilfsverbs *werden* + Infinitiv II Passiv.

2.2.3. Kategorien des Verbs

2.2.3.1. Person und Numerus

1. Die grammatische Kategorie der Person kann sein

		Sing.	Plural
– die sprechende Person	(1. Pers.)	*ich*	*wir*
– die angesprochene Person	(2. Pers.)	*du*	*ihr*
– die besprochene Person	(3. Pers.)	*er, sie, es*	*sie.*

Der Begriff der grammatischen Person umschließt in der 3. Person sowohl Personen als auch Nicht-Personen (Sachen, Abstrakta usw.) der Realität.

2. Bei der grammatischen Kategorie des Numerus (die primär dem Substantiv eigen ist, aber auch in jeder finiten Verbform enthalten ist) sind zu unterscheiden
- Singular (bezeichnet Einzahl oder Nicht-Gegliedertheit)
- Plural (bezeichnet Mehrzahl oder Gegliedertheit).

3. Zwischen dem syntaktischen Subjekt des Satzes und der finiten Verbform besteht Kongruenz, d. h. Übereinstimmung des finiten Verbs mit dem Subjekt in Person und Numerus:

(1) **Ich** les**e** die Zeitung.
(2) **Er** lies**t** die Zeitung.
(3) **Die Schüler** les**en** die Zeitung.

Manchmal wird zwischen (formal-grammatischer) Kongruenz und Synesis (bedeutungsmäßiger Übereinstimmung) unterschieden:

(4) Regen und Wind *trieben* die Leute nach Hause. (Kongruenz)
(5) Regen und Wind *trieb* die Leute nach Hause. (Synesis)

2.2.3.2. Tempus

1. Vergangenheitsformen mit *haben* oder *sein*

Zur Bildung der Vergangenheitsformen wird *haben* verwendet bei den transitiven Verben, den Mittelverben, den reflexiven Verben, den Modalverben, den unpersönlichen Verben und den intransitiven Verben von durativer Aktionsart (↑ 2.2.1.3., 2.):

(6) Er hat seinen Freund besucht.
(7) Das Paket hat viele Bücher enthalten.
(8) Sie hat sich über das Buch gefreut.
(9) Er hat zum Arzt gehen müssen.
(10) Es hat heute geregnet.
(11) Das Kind hat viele Stunden geschlafen.

Dagegen wird *sein* verwendet bei intransitiven Verben von perfektiver Aktionsart, bei den eine Ortsveränderung bezeichnenden Bewegungsverben, bei *sein* und *bleiben:*

(12) Das Kind ist eingeschlafen.
(13) Wir sind durch den Wald gewandert.
(14) Er ist lange Zeit im Ausland gewesen/geblieben.

In manchen Fällen sind beide Hilfsverben möglich (das Geschehen wird unter unterschiedlicher Perspektive – entsprechend den Aktionsarten – gesehen):

(15a)	Sie **hat** früher viel getanzt.	(Dauer, Verlauf)
(15b)	Sie **ist** durch den Saal getanzt.	(Vollendung, Ortsveränderung)
(16a)	Der Wein **hat** gegoren.	(Verlauf)
(16b)	Der Wein **ist** gegoren.	(Vollendung)

2. Tempusformen und Tempusbedeutungen

Den 6 grammatischen Tempora der Deutschen (Tempusformen) entsprechen nicht in linearer Zuordnung 6 Tempusbedeutungen. Das Verhältnis zwischen grammatischen Tempora (Präsens, Präteritum, Perfekt, Plusquamperfekt, Futur I, Futur II) und objektiver Zeit (Zeitinhalt, Temporalität – es gibt nur 3 Zeitstufen: Vergangenheit, Gegenwart, Zukunft) ist weit komplizierter, weil einerseits die Zeitinhalte nicht nur durch die grammatischen Tempusformen, sondern auch durch lexikalische Mittel (vor allem durch Temporalbestimmungen) ausgedrückt werden (vgl. ***Jetzt/Morgen/Neulich*** *bringt er das Buch.)*, weil andererseits die grammatischen Tempusformen nicht nur Zeitinhalte, sondern auch andere Inhalte (vor allem modale der Vermutung) ausdrücken (vgl. *Er wird noch nicht gekommen sein.).*

Deshalb sind auch die Versuche gescheitert, den grammatischen Tempora jeweils genau *eine* „Grundbedeutung" zuzuordnen oder die unterschiedlichen Bedeutungen (Bedeutungsvarianten) zu einer „Gesamtbedeutung" abstraktiv zusammenzufassen (vgl. FLÄMIG 1964). Vielmehr lassen sich die Tempusbedeutungen mit Hilfe von drei temporalen (semantischen) Merkmalen (und deren Kombination in Gestalt von Vor-, Gleich- und Nachzeitigkeit) beschreiben (vgl. BAUMGÄRTNER/WUNDERLICH 1969; HELBIG/BUSCHA [8]1984, 142ff.; DIELING/KEMPTER 1983):

- Aktzeit, d. h. die objektiv-reale Zeit, die als referentieller Akt dem entsprechenden Verb in der Wirklichkeit entspricht;
- Sprechzeit, d. h. die Zeit, in der der Satz vom Sprecher geäußert wird (meist: Sprechergegenwart);
- Betrachtzeit, d. h. die Zeit der Betrachtung (der Perspektive) des verbalen Aktes durch den Sprecher.

(17) Bis Sonnabend hat er das Buch gekauft.

Die Sprechzeit von (17) ist *heute*, die Betrachtzeit *Sonnabend*, die Aktzeit (des tatsächlichen Kaufens) liegt *zwischen heute und Sonnabend*. Folglich ist das entsprechende Tempus (eine Variante des Perfekts) semantisch dadurch charakterisiert, daß die Aktzeit vor der Betrachtzeit, die Betrachtzeit und die Aktzeit nach der Sprechzeit liegen. Die temporale Charakteristik der Tempusbedeutungen ergibt sich somit aus dem zeitlichen Verhältnis zwischen Aktzeit,

Sprechzeit und Betrachtzeit, das ein Verhältnis der Vor-, Nach- oder Gleichzeitigkeit sein kann.

Die grammatischen Tempusformen enthalten außer dieser temporalen Charakteristik noch weitere für die Beschreibung notwendige Merkmale:
- Manche Tempusformen enthalten zusätzlich einen Modalfaktor der Vermutung (notwendig vorhanden, nicht vorhanden, fakultativ vorhanden).
- Manche Tempusformen enthalten einen pragmatischen Faktor der Sprechhaltung, z. B. der Umgangssprache.
- Das Auftreten lexikalischer Temporalbestimmungen kann obligatorisch, ausgeschlossen oder fakultativ für die Realisierung der betreffenden Bedeutungsvariante sein:

(18) **Bis Sonnabend** hat er das Buch gekauft.	(obligatorisch)
(19) Der Apfel fällt nicht weit vom Stamm.	(ausgeschlossen)
(20) Er arbeitete **(gestern)** den ganzen Tag.	(fakultativ)

3. Beschreibung der einzelnen Tempora (Überblick)

Das *Präsens* taucht in folgenden Bedeutungsvarianten auf:

- Aktuelles Präsens (drückt gegenwärtige Sachverhalte aus, Akt-, Sprech- und Betrachtzeit fallen zusammen, enthält keinen Modalfaktor und kann fakultativ mit einer Temporalangabe verbunden werden):
  (21) Sein Bruder arbeitet (jetzt) in Paris.

- Präsens zur Bezeichnung eines zukünftigen Geschehens (Betracht- und Aktliegen nach der Sprechzeit, enthält keinen Modalfaktor, kann aber mit Modalfaktor und Temporalangabe verbunden werden):
  (22) Die Gäste kommen (vermutlich) (bald) zurück.

- historisches Präsens (bezeichnet vergangenes Geschehen, Akt- und Betrachtliegen vor der Sprechzeit, Modalfaktor ist ausgeschlossen, Temporalangabe obligatorisch, auf Erzählung und Dichtersprache beschränkt):
  (23) Neulich treffe ich einen alten Schulkameraden.

- generelles (atemporales) Präsens (drückt allgemeingültige Sachverhalte aus, Aktzeit liegt während, vor und nach Sprech- (und Betracht-)zeit, Modalfaktor und zusätzliche Temporalangabe ausgeschlossen):
  (24) Die Erde bewegt sich um die Sonne.

Das *Präteritum* hat nur eine Bedeutungsvariante, in der es vergangene Sachverhalte bezeichnet (Akt- und Betrachtzeit liegen vor der Sprechzeit, kein Modalfaktor, aber fakultativ eine Temporalangabe):

(25) Er arbeitete (gestern) den ganzen Tag.

Das *Perfekt* hat mehrere Bedeutungsvarianten:

- Perfekt zur Bezeichnung eines vergangenen Geschehens, (Betracht- und Aktzeit sind identisch und liegen vor Sprechzeit, enthält keinen Modalfaktor, kann eine fakultative Temporalangabe bei sich haben, ist durch Präteritum ersetzbar):
  (26) Die Gäste haben (gestern) die Stadt besichtigt.

- Perfekt zur Bezeichnung eines vergangenen Geschehens mit resultativem Charakter („Resultatsperfekt") (Betrachtzeit liegt über Sprechzeit, beide liegen nach der Aktzeit, erreichtes Resultat ist wesentlicher als in der Vergangenheit liegender Akt, enthält keinen Modalfaktor, kann eine fakultative Temporalangabe bei sich haben, ist durch Präteritum nicht ersetzbar und auf perfektive Verben beschränkt):
  (27) Peter ist (vor einigen Stunden) eingeschlafen.

- Perfekt zur Bezeichnung eines zukünftigen Geschehens (Akt- und Betrachtzeit liegen nach Sprechzeit, Aktzeit liegt vor der Betrachtzeit, Modalfaktor kann lexikalisch hinzugefügt werden, lexikalische Temporalangabe ist obligatorisch):
  (28) Bis zum Sommer hat er die Arbeit abgeschlossen.

Das *Plusquamperfekt* erscheint in 2 Bedeutungsvarianten:

- Plusquamperfekt zur Bezeichnung eines vor-vergangenen Geschehens (bezeichnet einen Sachverhalt, der vor einem anderen – ebenfalls vergangenen – Sachverhalt (als Betrachtzeit) eingetreten ist, Akt- liegt vor Betracht-, Betracht- vor Sprechzeit, nicht durch Perfekt zu ersetzen, enthält keinen Modalfaktor, muß aber Temporalangabe enthalten):
  (29) Als er ankam, hatten sie die Arbeit schon beendet.

- Plusquamperfekt zur Bezeichnung eines vergangenen Geschehens mit resultativem Charakter (Betracht- und Sprechzeit identisch, beide liegen nach der Aktzeit, durch Perfekt zu ersetzen, enthält keinen Modalfaktor, kann eine fakultative Temporalangabe bei sich haben):
  (30) (Gestern) hatte er seine Mütze verloren.

Das *Futur I* hat 2 Bedeutungsvarianten:

- Futur I zur Bezeichnung eines vermuteten Geschehens in der Gegenwart (Akt-, Sprech- und Betrachtzeit decken sich, enthält obligatorisch einen Modalfaktor der Vermutung und fakultativ eine Temporalangabe, deckt sich in temporaler Hinsicht völlig mit dem aktuellen Präsens, ist durch dieses ersetzbar):
  (31) Sein Bruder wird (jetzt) in Paris arbeiten.

- Futur I zur Bezeichnung eines zukünftigen Geschehens (Betracht- und Aktzeit decken sich, beide liegen nach Sprechzeit, kann einen Modalfaktor ausdrücken und mit einer Temporalangabe verbunden werden, deckt sich in temporaler Hinsicht mit der 2. Variante des Präsens):
  (32) Wir werden das Resultat (bald) erfahren.

Das *Futur II* erscheint in 3 Bedeutungsvarianten:

- Futur II zur Bezeichnung eines vermuteten Geschehens in der Vergangenheit (Betrachtzeit deckt sich mit Aktzeit, beide liegen vor der Sprechzeit, enthält immer einen Modalfaktor und kann mit fakultativer Temporalangabe verbunden werden, stimmt temporal – nicht modal – mit der 1. Variante des Perfekts überein und kann durch diese weitgehend ersetzt werden):
  (33) Die Gäste werden (gestern) die Stadt schon besichtigt haben.
- Futur II zur Bezeichnung eines vermuteten Geschehens in der Vergangenheit mit resultativem Charakter („Resultatsfutur") (Betrachtzeit liegt über Sprechzeit, beide liegen nach der Aktzeit, erreichtes Resultat ist wesentlicher als in der Vergangenheit liegender Akt, enthält immer Modalfaktor und kann fakultativ Temporalangabe enthalten, stimmt temporal – nicht modal – mit dem „Resultatsperfekt" überein und kann durch dieses weitgehend ersetzt werden, ist wie dieses auf perfektive Verben beschränkt):
  (34) Peter wird (vor einigen Stunden) eingeschlafen sein.
- Futur II zur Bezeichnung eines zukünftigen Geschehens (Akt- und Betrachtzeit liegen nach der Sprechzeit, Aktzeit liegt vor Betrachtzeit, kann einen Modalfaktor enthalten, muß eine zusätzliche Temporalangabe enthalten – im Unterschied zu den beiden anderen Varianten des Futur II –, deckt sich in temporaler Hinsicht mit der 3. Variante des Perfekts und ist mit dieser weitgehend austauschbar).
  (35) Bis zum Sommer wird er die Arbeit abgeschlossen haben

2.2.3.3. Modus

1. Von den drei Modi im Deutschen verfügen Indikativ und Konjunktiv über ein ausgeprägtes Formensystem (↑ 2.2.2.). Der Imperativ – als Grundform der Aufforderung des Sprechers an eine angesprochene Person – hat nur wenige Formen (Sing.: *Geh!*; Plur.: *Geht!*; Höflichkeitsform: *Gehen Sie!*), die aber durch andere Formen (Konkurrenzformen) zum Ausdruck der Aufforderung ergänzt werden (↑ 3.7.3.). Neben den in 2.2.2. genannten Konjunktivformen gibt es eine besondere Konjunktivform, die als *würde*-Form bezeichnet wird, aus dem Konjunktiv Prät. von *werden* + Infinitiv (I und II) gebildet wird und als Ersatz für nahezu alle anderen Konjunktivformen dienen kann. Diese *würde*-Form wird

in der gesprochenen Sprache besonders häufig gebraucht und als Ersatz für die regulären Konjunktivformen oft dann verwendet, wenn diese sich nicht von den Indikativformen unterscheiden oder wenn sie bei einigen unregelmäßigen Verben veraltet wirken:

(1) Wenn er regelmäßig **trainierte,** erreichte er mehr.
→ Wenn er regelmäßig **trainieren würde,** erreichte er mehr (würde er mehr erreichen).

(2) Wenn ich Zeit hätte, **hülfe** ich dir.
→ Wenn ich Zeit hätte, **würde** ich dir **helfen.**

Auch die Funktionen des Konjunktivs bieten weit mehr Schwierigkeiten als die des Indikativs und des Imperativs.

2. In manchen jüngeren Darstellungen wird zwischen den Konjunktiven I (gebildet vom Präsensstamm: Konj. Präs., Konj. Perf., Konj. Fut. I, Konj. Fut II) und den Konjunktiven II (gebildet vom Präteritalstamm: Konj. Prät., Konj. Plusq., *würde*-Form) unterschieden und wird versucht, diesen beiden Konjunktiven eine unterschiedliche „Grundbedeutung" zuzuschreiben (etwa: mittelbare Wiedergabe bei Konj. I, nur vorgestelltes oder gedachtes Geschehen bei Konj. II) (vgl. FLÄMIG 1965). Ausgangspunkt für eine solche Unterscheidung ist die Annahme, daß die Konjunktive keine temporale, sondern eine modale Bedeutung haben (etwas über die Stellungnahme des Sprechers zum Geltungsgrad seiner Äußerung besagen). Wir folgen diesem Ausgangspunkt nicht,

- weil auch die Indikativformen nicht nur temporale, sondern auch modale Bedeutungen tragen, auch im Indikativ Tempusformen und Tempusbedeutung sich nicht direkt entsprechen (↑ 2.2.3.2., 2.);
- weil die Konjunktive auch temporale Bedeutung haben, sie zwar keine absolute Zeit, aber relative Zeit (Gleichzeitigkeit, Vorzeitigkeit) ausdrücken;
- weil zur Beschreibung dieser relativen Zeitverhältnisse ohnehin (zusätzlich) auf die herkömmlichen Bezeichnungen Konj. Präs., Prät., Perf. usw. zurückgegriffen werden muß:
  (3a) Er sagte, er sei krank.
  (3b) Er sagte, er wäre krank.
  (4a) Er sagte, er sei krank gewesen.
  (4b) Er sagte, er wäre krank gewesen.

(3a) und (3b) sind semantisch äquivalent (beide drücken Gleichzeitigkeit aus), obwohl bei (3a) ein Konj. I, bei (3b) ein Konj. II vorliegt. Auch (4a) und (4b) sind semantisch äquivalent (beide drücken Vorzeitigkeit aus), obwohl bei (4a) ein Konj. I, bei (4b) ein Konj. II vorliegt. Die wesentlichen semantischen Unterschiede liegen zwischen (3) einerseits (Gleichzeitigkeit) und (4) (Vorzeitigkeit); eben diese Unterschiede werden aber von Bezeichnungen wie Konj. I und II nicht erfaßt (sondern nur über Bezeichnungen wie Konj. Präs., Prät., Perf. und Plusq.). Deshalb ist es günstiger, die verschiedenen Funktionen (die sich nur schwer allgemeinen Grundbedeutungen zuordnen lassen) über die hauptsächlichen Satzformen zu erfassen, in denen der Konjunktiv (mit unterschiedlichen Funktionen) vorkommt (vgl. BUSCHA 1980; BUSCHA/ZOCH 1984).

3. Der Konjunktiv erscheint als ein Mittel (neben anderen Mitteln: den redeeinleitenden Verben und der Nebensatzform) zur formalen Kennzeichnung der *indirekten Rede;* keines dieser Mittel ist obligatorisch, aber zumindest eines von ihnen ist vorhanden. In der indirekten Rede kommen alle Tempusformen des Konjunktivs vor:

- Bei Gleichzeitigkeit erscheinen (neben dem Indikativ) Konj. Präs. und Konj. Prät. sowie die *würde*-Form:
  (5a) Er hat mir gesagt, daß er das Buch jetzt liest.
  (5b) Er hat mir gesagt, daß er das Buch jetzt lese.
  (5c) Er hat mir gesagt, daß er das Buch jetzt läse.
  (5d) Er hat mir gesagt, daß er das Buch jetzt lesen würde.
- Bei Vorzeitigkeit erscheinen (neben dem Indikativ) Konj. Perfekt und Konj. Plusq.:
  (6a) Er hat mir gesagt, daß er das Buch gestern gelesen hat.
  (6b) Er hat mir gesagt, daß er das Buch gestern gelesen habe.
  (6c) Er hat mir gesagt, daß er das Buch gestern gelesen hätte.
- Bei Nachzeitigkeit erscheinen (neben dem Indikativ) Konj. Fut. I, Konj. Präs., Konj. Prät. sowie die *würde*-Form:
  (7a) Er hat mir gesagt, daß er das Buch in nächster Zeit lesen wird/liest.
  (7b) Er hat mir gesagt, daß er das Buch in nächster Zeit lesen werde.
  (7c) Er hat mir gesagt, daß er das Buch in nächster Zeit lese.
  (7d) Er hat mir gesagt, daß er das Buch in nächster Zeit läse.
  (7e) Er hat mir gesagt, daß er das Buch in nächster Zeit lesen würde.

Weil der Konjunktiv nur *ein* Mittel neben anderen zur Kennzeichnung der indirekten Rede ist, gibt es in der indirekten Rede eine gewisse Freiheit der Moduswahl. Manchmal sind diese unterschiedlichen Ausdrucksmittel modal interpretiert, d. h. als Ausdruck unterschiedlicher Sprecherstellungnahmen und -intentionen verstanden worden (z. B. in (5) Indikativ als Ausdruck der Identifizierung mit dem Gesagten, Konj. Präs. als Ausdruck der Neutralisierung (der „vermittelten" Wiedergabe des Gesagten), Konj. Prät. als Ausdruck der Distanzierung vom Gesagten); diese Interpretationen haben sich jedoch nicht bestätigt.

4. Ähnlich wie in der indirekten Rede kommt der Konjunktiv im hypothetischen *Komparativsatz* mit einleitendem *als ob/als wenn/als* als fakultatives Mittel

(neben dem Indikativ) in allen Tempora vor (ebenfalls zur Bezeichnung von Gleichzeitigkeit, Vorzeitigkeit und Nachzeitigkeit):

(8) Das Kind weint, als ob es große Schmerzen hat/habe/hätte/haben würde.

(9) Er tut so, als ob er recht gehabt hat/habe/hätte.

(10) Sie sieht aus, als ob sie gleich umfallen wird/umfallen werde/umfallen würde/umfällt.

5. Die zweite Hauptvariante des Konjunktivs (neben dem Gebrauch in der indirekten Rede) ist seine Verwendung im *Konditionalsatz.* Im Konditionalsatz ist der Konjunktiv – im Unterschied zur indirekten Rede – obligatorisch; es kommen jedoch nur Konj. Prät. und Konj. Plusq. (und die *würde*-Form) in Frage, die sich auf die einzelnen Zeitstufen verteilen, temporale (und darüber hinaus auch modale) Differenzierungen untereinander und auch zum Indikativ erkennen lassen:

- Zum Ausdruck der Gegenwart/Zukunft dienen Indikativ, Konj. Prät. und *würde*-Form:

  (11a) Wenn er Zeit **hat, geht** er baden.

  (11b) Wenn er Zeit **hätte, ginge** er baden **(würde** er baden **gehen**).

  Bei Gebrauch des Indikativs (11a) wird von „realen" oder „potentiellen" Konditionalsätzen gesprochen, bei Gebrauch des Konjunktivs von „irrealen" Konditionalsätzen (die Bedingung ist nicht erfüllt). Bei Gegenwart (und erst recht bei Zukunft) ist die Erfüllung der Bedingung zumeist noch möglich (Bedingung nicht erfüllt, aber erfüllbar).

- Zum Ausdruck von konditionalen Beziehungen in der Vergangenheit wird Konj. Plusq. (daneben auch die *würde*-Form) verwendet:

  (12a) Wenn er Zeit **hatte, ging** er baden.

  (12b) Wenn er Zeit **gehabt hätte, wäre** er baden **gegangen (würde** er baden **gegangen sein)**.

  Beim Indikativ (12a) ist die Bedingung real/potentiell, beim Konjunktiv Plusq. irreal und auch nicht mehr erfüllbar (da das Geschehen in der Vergangenheit liegt):

  Er hatte keine Zeit und ist deshalb auch nicht baden gegangen.

Irreale Konditionalsätze erscheinen nicht nur in expliziter Form (als Gefüge von bedingendem Nebensatz und bedingtem Hauptsatz), sondern auch in anderen Formen (z. B. Infinitiv- oder Partizipialkonstruktionen, Präpositionalgruppen, antonymischen Satzverbindungen), als verkürzte oder „verkappte" Konditionalsätze (sie sind auf explizite Konditionalsätze zurückführbar):

(13) Es wäre gut, ihn zu besuchen. (= wenn ...)

(14) Nach dem Grund befragt, wüßte ich nicht zu antworten. (= wenn ...)

(15) An deiner Stelle würde ich besser lernen. (= wenn ...)

(16) Ich hätte ihm geantwortet, aber ich kenne seine Frage nicht. (= wenn ...)

6. Ähnlich wie bei den irrealen Konditionalsätzen wird der Konjunktiv auch in irrealen *Konzessiv-* und *Konsekutivsätzen* verwendet:

- Konzessivsätze, die formal mit den Konditionalsätzen übereinstimmen und zusätzlich durch die Partikel *auch* (oder: *sogar, selbst*) charakterisiert sind, weisen Konj. Prät. (für Gegenwart/Zukunft) oder Konj. Plusq. (für Vergangenheit), daneben die *würde*-Form auf:
  (17) Auch wenn ich Zeit **hätte, ginge** ich nicht baden (würde ich nicht baden gehen).
  (18) Auch wenn ich Zeit **gehabt hätte, wäre** ich nicht baden **gegangen.**

- In irrealen Konsekutivsätzen erscheint der Konjunktiv (neben dem Indikativ) nur im Nebensatz. Beim Nebeneinander von Konjunktiv und Indikativ (ohne erkennbaren Bedeutungsunterschied) entsprechen sich für die Gegenwart Konj. Prät. und Ind. Präs., für die Vergangenheit Konj. Plusq. und Ind. Prät. bzw. Perf.:
  (19) Das Wasser ist zu kalt, als daß man darin baden **könnte/kann.**
  (20) Das Wasser war zu kalt, als daß man darin **hätte baden können/baden konnte.**
  (21) Ich habe tüchtig gefroren, ohne daß ich mich **erkältet hätte/habe.**

7. In bestimmten Fällen taucht der Konjunktiv auch im *einfachen Satz* auf:

- Der Konj. Präs. hat imperativische Bedeutung (als Ersatzform für die fehlende Form des Imperativs in der 3. Person) und kommt nur noch in Wendungen (oder zusammen mit dem Pronomen *man* in Kochrezepten u. ä.) vor:
  (22) Hoch lebe das Geburtstagskind!
  (23) Man wasche die Rosinen, trockne sie ...

- Der Konj. Prät. und Plusq. kommt im irrealen Wunschsatz vor, und zwar in ähnlicher Bedeutung wie beim irrealen Konditionalsatz (auf den er auch formal zurückführbar ist):
  (24) Wenn er doch bald käme! (Gegenwart, noch erfüllbar) (= Ich würde mich freuen, wenn ...)
  (25) Wenn er doch gekommen wäre! (Vergangenheit, nicht mehr erfüllbar)

- Damit vergleichbar (und ineinander umformbar) ist der Konj. Plusq. für die Vergangenheit in Modalverbgefügen (mit *müssen, sollen, dürfen*):
  (26) Er hätte das Buch lesen müssen. (Vgl.: Hätte er das Buch doch gelesen!)

2.2.3.4. Genus

1. Als Genera des Verbs werden zunächst *Aktiv* und *Passiv* (Vorgangspassiv) unterschieden. Jede Passivform setzt eine Aktivform voraus – beide sind regu-

lär miteinander verbunden –, aber nicht umgekehrt. Ein Passiv kann nur dann gebildet werden, wenn im Aktiv das syntaktische Subjekt Agens ist (ein Tätigkeitsverb vorliegt) (↑ 2.2.1.3., 1.):

(1) **Der Sohn** hilft dem Vater. (Agens)
→ Dem Vater wird (von dem Sohn) geholfen.

(2) **Der Sohn** ähnelt dem Vater. (kein Agens)
→ *Der Vater wird von dem Sohn geähnelt.

Es werden 3 Haupttypen des *Vorgangspassivs* unterschieden:

- das Vorgangspassiv bei transitiven Verben (↑ 2.2.1.2., 3.), bei dem das Akkusativobjekt des aktivischen Satzes zum Nominativsubjekt des passivischen Satzes wird:
  (3) Der Lehrer schenkt (dem Schüler) das Buch.
  → Das Buch wird (dem Schüler) (von dem Lehrer) geschenkt.

- das Vorgangspassiv bei intransitiv-relativen Verben (↑ 2.2.1.2., 3.), das subjektlos ist (ohne syntaktisches Subjekt im Passiv), bei dem Dativ-, Genitiv- und Präpositionalobjekt (soweit vorhanden) in ihrem Kasus erhalten bleiben, d. h. nicht zum Subjekt des passivischen Satzes werden:
  (4) Wir helfen dem Lehrer.
  → Dem Lehrer wird (von uns) geholfen.
  (5) Wir gedenken der Toten.
  → Der Toten wird (von uns) gedacht.
  (6) Wir sorgen für die Kinder.
  → Für die Kinder wird (von uns) gesorgt.

- das Vorgangspassiv bei intransitiv-absoluten Verben (↑ 2.2.1.2., 3.), das ebenfalls subjektlos ist:
  (7) Die Zuschauer klatschten.
  → Von den Zuschauern wurde geklatscht.

Bei den ersten beiden Typen erscheint das Agens (als Subjekt des aktivischen Satzes) im Passiv als fakultative Präpositionalgruppe, beim 3. Typ als obligatorische Präpositionalgruppe. Dieser 3. Typ wird manchmal – aber zu Unrecht – als „unpersönliches Passiv" bezeichnet (zu Unrecht deshalb, weil auch dieser Typ ein Agens enthält oder voraussetzt – sonst wäre die Bildung eines Vorgangspassivs nicht möglich). Das Agens wird beim Vorgangspassiv mit Hilfe der Präpositionen *von* oder *durch* angeschlossen, ohne daß ein wesentlicher Bedeutungsunterschied erkennbar wäre:

(8) Er wurde **von** den Freunden/**durch** die Freunde überzeugt.

Ein Bedeutungsunterschied wird nur empfunden, wenn beide im gleichen Satz nebeneinanderstehen (dann weist *von* auf das Agens; *durch* auf Mittel/Vermittler):

(9) Ich wurde **von** meinem Freund **durch** einen Boten verständigt.

2. Das Aktiv ist von der Bedeutung her nicht einfach eine „Tätigkeitsform", das Passiv nicht einfach eine „Leideform" (was die deutschen Umschreibungen suggerieren könnten). Vielmehr bezeichnen Aktiv und Vorgangspassiv in der Regel den gleichen Sachverhalt der Realität; sie unterscheiden sich aber durch eine unterschiedliche Perspektivierung dieses Sachverhalts, durch eine unterschiedliche Blickrichtung auf das gleiche Geschehen: Das Aktiv läßt das Geschehen als agensorientiert oder agenszugewandt, das Passiv als nichtagensorientiert oder agensabgewandt erscheinen. Diese unterschiedliche Perspektivierung ist eine semantische Perspektivierung und darf nicht in gleicher Weise als kommunikative Perspektivierung interpretiert werden: Es wird zwar das Passiv zumeist dann verwendet, wenn der Sprecher das Agens nicht nennen will oder kann; wird das Agens aber im Passivsatz genannt, erscheint es oft in der Position des vom Mitteilungsgehalt her wesentlichen Satzgliedes in rhematischer Position, wird also kommunikativ als besonders wichtig empfunden (vgl. Bsp. (3) bis (6)).

3. Neben dem Vorgangspassiv (auch: *werden*-Passiv, da aus *werden* + Partizip II gebildet) steht das *Zustandspassiv* (auch: *sein*-Passiv, da aus *sein* + Partizip II gebildet):

(10) Das Fenster ist geöffnet. (Präsens)
(11) Das Fenster war geöffnet. (Präteritum)
(12) Das Fenster ist geöffnet gewesen. (Perfekt)
...

Allerdings wird diese Form noch unterschiedlich bewertet: entweder als analytische Form, bei der die Eigenbedeutung der Teile (Kopula + Prädikativ) erhalten sei (deshalb: Kopula-Analyse), oder als 3. Genus neben Aktiv und Vorgangspassiv, bei der die Eigenbedeutung der Teile nicht mehr erhalten sei und das Verb als Hilfsverb aufgefaßt wird (deshalb: Auxiliar-Analyse). Für die jüngere Auffassung der *sein*-Form als eigenes Genus (als Zustandspassiv) spricht der Umstand, daß es reguläre Beziehungen zwischen Aktiv, Vorgangspassiv und Zustandspassiv gibt: Wie beim Vorgangspassiv, so ist auch beim Zustandspassiv der Subjektsnominativ kein Agens (vielmehr ist im entsprechenden Aktivsatz die Identität von Subjektsnominativ und Agens vorausgesetzt; vgl. 2.2.3.4., 1.). Wie ein Vorgangspassiv immer ein entsprechendes Aktiv voraussetzt, so ist auch ein Zustandspassiv nur bildbar, wenn es ein entsprechendes Vorgangspassiv (und Aktiv) gibt (aber nicht umgekehrt):

(13) X öffnet das Fenster. (Aktiv)
(14) Das Fenster wird (von X) geöffnet. (Vorgangspassiv)
(15) Das Fenster ist geöffnet. (Zustandspassiv)

Allerdings ist der Unterschied zwischen Zustandspassiv und Vorgangspassiv/Aktiv von anderer Art als der zwischen Vorgangspassiv und Aktiv: Vorgangspassiv und Aktiv sind verschiedene *subjektive* Blickrichtungen auf das gleiche Geschehen. Das Zustandspassiv unterscheidet sich jedoch *objektiv* vom Vorgangspassiv/Aktiv dadurch, daß es nicht – wie diese – einen Prozeß, sondern einen Zustand als Resultat eines vorausgegangenen Prozesses bezeichnet. Zuerst *wurde* das Fenster geöffnet (Prozeß: Vorgangspassiv), danach *war* das Fenster geöffnet (Zustand als Resultat eines Prozesses: Zustandspassiv). Deshalb können Vorgangs- und Zustandspassiv auch nicht zugleich wahr sein.

Jedem Zustandspassiv entspricht ein Vorgangspassiv, aber nicht jedes Vorgangspassiv hat ein entsprechendes Zustandspassiv. Ein Zustandspassiv kann nur gebildet werden von Verben mit resultativer bzw. transformativer Bedeutung, d. h. von Verben, die einen Übergang zu einem neuen Zustand bezeichnen, bei denen das Objekt so stark durch die Handlung affiziert wird, daß ein neuer Zustand überhaupt entstehen kann:

(16a) Das Brot wird abgeschnitten.
(16b) Das Brot ist abgeschnitten.
(17a) Die Frau wird bewundert.
(17b) *Die Frau ist bewundert.

4. Nicht jede Form aus *sein* + Partizip II kann als Zustandspassiv verstanden werden. Folgende Konstruktionen (auch aus *sein* + Partizip II bestehend) müssen vom Zustandspassiv abgehoben werden, weil sie nicht auf ein entsprechendes Vorgangspassiv zurückgehen (vgl. HELBIG/BUSCHA [8]1984, 176ff.):

- das Perfekt Aktiv, wenn es mit *sein* gebildet wird (es geht auf ein Präsens Aktiv zurück):
  (18) Die Frucht ist gereift.
- das Zustandsreflexiv, dem eine reflexive Konstruktion zugrunde liegt:
  (19) Das Mädchen ist verliebt.
- die allgemeine Zustandsform bei kursiven (nicht-resultativen) Verben, bei der *werden*- und *sein*-Form (und Aktiv) ohne Bedeutungsunterschied nebeneinanderstehen, also immer auch zugleich wahr sind:
  (20) Die Stadt wird/ist von vielen Bergen umgeben.

5. Wie nicht alle Formen mit *werden* und *sein* + Partizip II als Passiv aufgefaßt werden können, so gibt es umgekehrt auch aktivische Formen mit passivischer Bedeutung; sie werden Konkurrenzformen des Passivs oder Passiv-Paraphrasen genannt. Es werden Paraphrasen ohne modale Nebenbedeutung und solche mit modaler Nebenbedeutung unterschieden.

Zu den Passiv-Paraphrasen ohne modale Nebenbedeutung rechnen z. B.

- die Konstruktionen mit *bekommen/erhalten/kriegen* + Partizip II, bei denen der Subjektsnominativ den Adressaten ausdrückt (deshalb auch „Adressatenpassiv" oder „Rezipientenpassiv"), die nicht auf Verben des Besitzwechsels beschränkt sind, sondern auch Verbgruppen umfassen außerhalb des Besitzwechsels (was für die Auxiliarisierung der genannten Verben spricht, da sie ihre lexikalische Bedeutung eingebüßt haben):
  (21) Er bekommt das Buch geschenkt.
  (22) Er bekommt den Führerschein entzogen.
  (23) Er bekommt die Uhr repariert.

- die Konstruktionen mit *bekommen/erfahren/erhalten/finden/gehen/gelangen/kommen* u. a. + Substantiv (meist Nomen actionis auf *-ung*), die in der Bedeutung weitgehend dem Passiv entsprechen und zu den Funktionsverbgefügen (↑ 2.2.4.2.) gehören:
  (24) Sein Wunsch ging in Erfüllung. (= wurde erfüllt)
  (25) Das Buch findet Anerkennung. (= wird anerkannt)

- einige reflexive Formen (deren Subjekt kein Agens ist, die ebenfalls in der Bedeutung dem Passiv entsprechen) (↑ 2.2.4.3.):
  (26) Der Schlüssel wird sich finden. (= wird gefunden werden)

Zu den Passiv-Paraphrasen mit modaler Nebenbedeutung gehören z. B.

- Konstruktionen mit *sein* + *zu* + Infinitiv:
  (27) Die Tür ist abzuschließen. (kann/muß abgeschlossen werden)

- Konstruktionen mit *sein* + Adjektiv (auf *-bar, -lich, -fähig*):
  (28) Sein Wunsch ist erfüllbar. (kann erfüllt werden)

- Konstruktionen mit *es gibt* + *zu* + Infinitiv:
  (29) Es gibt hier viel zu lesen. (kann/muß hier viel gelesen werden)

- Konstruktionen mit *bleiben* + *zu* + Infinitiv:
  (30) Das Resultat bleibt abzuwarten. (muß abgewartet werden)

- einige reflexive Formen (vgl. genauer ↑ 2.2.4.3.):
  (31) Das Buch läßt sich gut verkaufen. (kann gut verkauft werden)

2.2.4. Besondere Verben und Verbformen

2.2.4.1. Modalverben

1. Die Modalverben als Subklasse der Hilfsverben (↑ 2.2.1.2., 1.) kommen zusammen mit dem Infinitiv vor. Sie lassen sich schwer – nur mit einem Bündel von Merkmalen – von den Vollverben abgrenzen, weil sich auch sehr viele

Vollverben mit dem Infinitiv verbinden. Zu diesen (z. T. negativ bestimmten) Merkmalen gehören folgende (vgl. BUSCHA/HEINRICH/ZOCH [4]1981):

- Um Modalverben handelt es sich nicht, wenn der dazugehörige Infinitiv adverbialen Charakter hat oder ein eigenes (latentes) Subjekt hat:
  (1) Er geht baden. (= zum Baden)
  (2) Ich höre ihn kommen. (= Ich höre, daß er kommt.)
- Um Modalverben handelt es sich nicht, wenn weitere Ergänzungen zum finiten Verb auftreten können:
  (3) Ich verspreche ihm zu kommen.
- Modalverben haben den Infinitiv ohne *zu* bei sich:
  (4) Er kann schwimmen.
  (Das ist jedoch nicht das einzige Merkmal; vgl. (1), (2) und *werden* + Infinitiv zur Bildung des Futur I.)
- Modalverben bilden ihr Perfekt nicht mit dem Partizip II, sondern mit dem Infinitiv („Ersatzinfinitiv"):
  (5) Ich habe ihm nicht rechtzeitig antworten **können**.
  (statt: *Ich habe ihm nicht rechtzeitig antworten **gekonnt.**)
  Aber – falls das Modalverb als Vollverb verwendet wird (↑ 2.2.4.1., 3.) –:
  (6) Ich habe das nicht **gekonnt.**
- Modalverben stehen im eingeleiteten Nebensatz als finite Verben nicht am Ende des Satzes:
  (7) ... weil ich ihm nicht **habe** antworten können.
  (statt: *..., weil ich ihm nicht antworten können **habe.**)
- Modalverben sind nicht passivfähig.
- Modalverben bilden keinen Imperativ.
- Modalverben haben besondere Formen (in der 1. und 3. Pers. Sing. Präs. endungslos: *ich kann/darf*; Vokalwechsel zwischen Sing. und Plural im Präsens: *ich will/wir wollen; ich kann/wir können)*, die sie als „Präteritopräsentien" ausweisen, d. h., daß frühere starke Präteritalformen Präsensbedeutung angenommen haben und ein neues (schwaches) Präteritum gebildet worden ist).

2. Die Modalverben drücken semantisch (neben anderen Sprachmitteln) die Modalität aus. Dabei ist zwischen objektiver Modalität (Verhältnis zwischen dem Subjekt des Satzes und der im Infinitiv ausgedrückten Handlung – z. B. Möglichkeit, Notwendigkeit, Erlaubnis, Verbot, Wunsch) und subjektiver Modalität (Verhältnis des Sprechers zu dem bezeichneten Vorgang, zur Verbindung von Subjekt und Prädikat – z. B. Vermutung, fremde Behauptung) zu unterscheiden:

(8) Der Schüler darf nach Hause gehen. (objektive Modalität; Erlaubnis)
(9) Der Schüler dürfte krank sein. (subjektive Modalität; Vermutung)

Alle Modalverben haben Anteil am System sowohl der objektiven als auch der subjektiven Modalität. Bei Modalverben mit objektiver Modalität bezieht sich das syntaktische Subjekt zugleich auf das Modalverb und auf den Infinitiv. Bei Modalverben mit subjektiver Modalität bezieht sich das syntaktische Subjekt (in einer tieferen Strukturschicht) eigentlich nur auf den Infinitiv, während als Subjekt des Modalverbs der Sprecher angenommen werden muß:

← (9a) Man vermutet/Ich vermute, daß der Schüler krank ist.

Bei den Modalverben mit objektiver Modalität spricht man von deren „Hauptbedeutungen", da ihre lexikalische Bedeutung voll erhalten ist und keine Beschränkungen (im Tempus, Modus usw.) vorhanden sind. Dennoch haben fast alle Modalverben zum Ausdruck der objektiven Modalität mehrere Bedeutungsvarianten, z. B.

(10) Wir **können** heute baden gehen, weil es warm genug ist. (= Möglichkeit)
(11) Der Junge **kann** sehr gut lesen. (= Fähigkeit)
(12) Wer mit der Arbeit fertig ist, **kann** nach Hause gehen. (= Erlaubnis)

Demgegenüber unterliegt der Gebrauch der Modalverben zum Ausdruck subjektiver Modalität – ihre lexikalische Bedeutung ist nicht mehr erhalten – morphosyntaktischen Beschränkungen (sie kommen nur im Präs. und Prät. vor, darüber hinaus *mögen, sollen* und *wollen* nur im Indikativ, *dürfen* nur im Konjunktiv Prät., *wollen* zumeist nur mit Infinitiv II):

(13) Er **mag/möchte/kann/könnte/dürfte** den Termin vergessen haben. (= Vermutung)
(14a) Er **will** nach Berlin **fahren**. (obj. Modalität; Wunsch, Absicht)
(14b) Er **will** nach Berlin **gefahren sein**. (subj. Modalität; Behauptung der als Subjekt fungierenden Person)

3. Mitunter können die Modalverben auch als Vollverben gebraucht werden. Dabei sind zwei Fälle zu unterscheiden:

- Einige Modalverben sind tatsächlich – in einer anderen Bedeutungsvariante – zugleich Vollverben:
  (15) Er **mag** die Sonne. (= lieben)
  (16) Der Schüler **kann** das gesamte Gedicht. (= beherrschen)
- Es handelt sich um elliptischen Gebrauch des Modalverbs; das Vollverb wird weggelassen, weil man dessen Wiederholung vermeiden will oder weil es

aus dem Kontext (als allgemeines Verb des Tuns, Gehens oder Habens) erschließbar ist:

(17) Er raucht nicht, er darf nicht. (rauchen)
(18) Er weiß nicht, was er hier soll. (tun)
(19) Er muß nach Hause. (gehen)
(20) Das Kind will ein Brötchen. (haben)

Aber (Eliminierung des Vollverbs nicht möglich, da kein solches allgemeines Verb):

(20a) Er will den Berg besteigen.
↛ (20b) *Er will den Berg.

2.2.4.2. Funktionsverben und Funktionsverbgefüge

1. In der Gegenwartssprache stark verbreitet sind die Funktionsverbgefüge (oder „Streckformen"), die aus einem Funktionsverb (↑ 2.2.1.2., 1.) und einem nominalen Bestandteil (in der Regel: Substantiv im Akkusativ oder Präpositionalgruppe) bestehen, die beide eine semantische Einheit darstellen, als solche das Prädikat des Satzes bilden und zumeist auch in der Bedeutung weitgehend einem Vollverb (oder einem Adjektiv + Kopula) mit dem gleichen Stamm entsprechen:

(1) Das Theater **brachte** das Stück **zur Aufführung.**
→ Das Theater **führte** das Stück **auf.**
(2) Wir **gaben** den Mitarbeitern **Nachricht.**
→ Wir **benachrichtigten** die Mitarbeiter.
(3) Peter **kam in Wut.**
→ Peter **wurde wütend.**

Innerhalb der Funktionsverbgefüge üben die Funktionsverben vorwiegend eine grammatische Funktion aus, haben ihre lexikalische Bedeutung weitgehend eingebüßt und sind zu grammatischen Wörtern (wie die Hilfsverben) geworden:

(4) Er **bringt** die Kreide zur Tafel. (Vollverb; Ortsveränderung)
(5) Er **bringt** das Stück zur Aufführung. (Funktionsverb; keine Ortsveränderung)

Die eigentliche Bedeutung des Prädikats ist in die nominalen Glieder außerhalb der Funktionsverben (Präpositionalgruppen oder Akkusative) verlagert, die in der lexikalischen Bedeutung den entsprechenden Basis-Verben (bzw. -Adjektiven) entsprechen. Deshalb können die Funktionsverben nicht ohne den nominalen Teil des Funktionsverbgefüges vorkommen (und umgekehrt), bilden beide zusammen eine Einheit, werden lexikalisiert. Die Grammatikalisierung des Funktionsverbs entspricht einer Lexikalisierung des gesamten Funktionsverbgefüges.

2. Weil das gesamte Gefüge eine untrennbare Einheit bildet und oft insgesamt durch ein Vollverb ersetzt werden kann (vgl. Bsp. (1) bis (3)), sind die Funktionsverbgefüge lange Zeit – vor allen Dingen von der Stilistik und Stilkritik – als schlechter Stil („Nominalstil", „Substantivitis", „Hauptwörterkrankheit" bzw. „-seuche") angesehen und denunziert werden. In jüngerer Zeit ist jedoch immer deutlicher geworden, daß eine solche Warnung ungerechtfertigt ist, weil die Funktionsverbgefüge ihre spezifische Bedeutung haben, in der sie sich auch von den ihnen entsprechenden Verben unterscheiden (vgl. STEINITZ 1977; HELBIG 1979; 1984, 163ff.; HELBIG/BUSCHA [8]1984, 79ff.): Sie bezeichnen einen Zustand (durativ), eine Zustandsveränderung (inchoativ) oder das Bewirken eines Zustands bzw. einer Zustandsveränderung (kausativ) – mitunter sogar bei der gleichen verbalen Entsprechung und denselben nominalen Bestandteilen im Funktionsverbgefüge:

(6) **sich** in Abhängigkeit **befinden** (durativ) – in Abhängigkeit **kommen** (inchoativ) – in Abhängigkeit **bringen** (kausativ)
(7) Angst **haben** (durativ) – Angst **bekommen** (inchoativ) – in Angst **versetzen** (kausativ)

Obwohl das Funktionsverb im Funktionsverbgefüge seine ursprüngliche lexikalische Bedeutung verliert (vgl. Bsp. (4) und (5)), ist es nicht nur Träger der grammatischen Kategorien des Verbs, sondern zugleich auch Träger von allgemeinen semantischen Funktionen der genannten Art. Diese Funktionen lassen auch eine deutliche Reihenbildung erkennen:

(8) in Frage/zum Ausdruck/zum Einsatz/zur Ruhe/zum Abschluß/zur Anwendung ... **kommen** (sämtlich: inchoativ)
(9) zum Abschluß/zur Anwendung/zur Aufführung/zum Ausdruck/zur Ruhe/in Verlegenheit/in Verwirrung ... **bringen** (sämtlich: kausativ)

Insofern lassen sich bei den Funktionsverbgefügen die unterschiedlichen Funktionen auf Funktionsverb und nominale Bestandteile aufteilen. Sie müssen deshalb nicht nur von den freien Wortverbindungen einerseits (vgl. Bsp. (4) und (5)), sondern auch von den „phraseologischen Ganzheiten" (vom Typ *unter den Nagel reißen, schwarz sehen)* andererseits abgegrenzt werden (die zwar auch semantische Ganzheiten sind, deren Bedeutungen sich aber nicht in die Teilbedeutungen der einzelnen Bestandteile auflösen lassen).

3. Die Funktionsverben und Funktionsverbgefüge haben auch zahlreiche syntaktische Merkmale (von denen nur auf einige hingewiesen werden kann):

- Bei ihren nominalen Bestandteilen handelt es sich um Verbal-(oder Adjektiv-)abstrakta (die im Stamm zumeist den Basis-Verben oder -Adjektiven entsprechen), nicht um Konkreta:

(10) Er **brachte** seine Papiere in **Ordnung.** (Funktionsverb)
(11) Er **brachte** seine Papiere ins **Haus.** (Vollverb)

- Im Funktionsverbgefüge ist das Funktionsverb in der Regel nicht – wie das gleichlautende Vollverb – durch ein anderes (bedeutungsähnliches) Verb substituierbar:
  (12) Er **setzte**/legte/stellte das Kind in den Wagen. (Vollverb)
  (13) Er **setzte**/*legte/*stellte das Kind in Schrecken. (Funktionsverb)

- Innerhalb des Funktionsverbgefüges stehen nicht nur die nominalen Bestandteile (vgl. Bsp. (8) und (9)), sondern auch die Funktionsverben in Reihen:
  (14) in Abhängigkeit bringen/halten/sein/sich befinden/kommen/gelangen/geraten ...

- Die nominalen Bestandteile der Funktionsverbgefüge können in der Regel nicht – wie die Objekte und Adverbialbestimmungen – pronominalisiert/proadverbialisiert und erfragt werden:
  → (1a) *Das Theater brachte das Stück **dorthin.**
  → (1b) ***Wohin** brachte das Theater das Stück?

- In den Funktionsverbgefügen ist im nominalen Teil der Artikelgebrauch und der Numerusgebrauch eingeschränkt (oft: bestimmter, unbestimmter und/oder Nullartikel, Singular oder Plural):
  (15a) Die neue Technik findet Anwendung.
  (15b) *Die neue Technik findet **die/eine** Anwendung.
  (16a) Die Lösung kommt nicht in Frage.
  (16b) *Die Lösung kommt nicht in **Fragen**.

- Die Einfügung von Attributen in die nominalen Teile der Funktionsverbgefüge ist sehr eingeschränkt:
  (17) *Das Theater brachte das Stück zur heutigen Aufführung.

4. Die Funktionsverbgefüge können nach mehreren Aspekten in verschiedene Subklassen eingeteilt werden:

- Nach der morphologischen Form ihres nominalen Gliedes gibt es die beiden Hauptklassen der Funktionsverbgefüge mit Präpositionalgruppe (vgl. Bsp. (1)) und mit Akkusativ (vgl. Bsp. (2)).

- Nach ihrer aktionalen Bedeutung kann man unterscheiden durative Funktionsverbgefüge (die einen Zustand oder ein Geschehen in seinem Ablauf bezeichnen), inchoative Funktionsverbgefüge (die die Veränderung eines Zustands oder Geschehens, den Übergang von einem Zustand bzw. Vorgang in einen anderen, den Beginn eines Zustands bzw. Vorgangs) und kausative Funktionsverbgefüge (die das Bewirken einer Zustands- bzw. Vorgangsveränderung oder eines Zustands bzw. Vorgangs durch Fremdeinwirkung bezeichnen (↑ 2.2.4.2., 2.)).

- Nach ihrer Genusbedeutung werden Funktionsverbgefüge mit passivischer Bedeutung (durch Passivformen des entsprechenden Verbs paraphrasierbar) und solche mit aktivischer Bedeutung (durch Aktivformen des entsprechenden Verbs paraphrasierbar) unterschieden. Dafür stehen jeweils bestimmte Funktionsverben zur Verfügung (für die passivische Bedeutung z. B. *bekommen, erfahren, finden, gehen, gelangen, kommen;* für die aktivische Bedeutung z. B. *aufnehmen, bringen, führen, geben, setzen, treffen, versetzen)*:
  (18a) Das Buch findet Anerkennung.
  (18b) Das Buch wird anerkannt.
  (19a) Sie bringen das Stück zur Aufführung.
  (19b) Sie führen das Stück auf.

- Nach ihrer Festigkeit sind unterscheidbar lexikalisierte Funktionsverbgefüge (die einen so hohen Grad von Festigkeit haben, daß die Merkmale für die Funktionsverbgefüge (↑ 2.2.4.2., 3.) ganz oder fast ganz auf sie zutreffen; z. B. *zur Durchführung bringen, Gefahr laufen)* und nicht-lexikalisierte Funktionsverbgefüge (die einen geringeren Grad von Festigkeit haben, so daß die genannten Merkmale für die Funktionsverbgefüge auf sie nur teilweise zutreffen; z. B. *zum Abschluß bringen, Anspruch erheben)*. Zwischen den beiden Gruppen besteht lediglich ein gradueller Unterschied, der bedingt ist durch die sprachliche Entwicklung selbst, d. h. durch die weitere Verbreitung der Funktionsverbgefüge, mit der ein Prozeß der zunehmenden Grammatikalisierung der Funktionsverben (ursprünglich lexikalische Wörter verwandeln sich zu grammatischen Wörtern) und der gleichzeitigen zunehmenden Lexikalisierung und Stabilisierung der Funktionsverbgefüge verbunden ist.

Setzt man diese Subklassen zueinander in Beziehung, so gibt es zwar sowohl lexikalisierte als auch nicht-lexikalisierte Funktionsverbgefüge mit Präpositionalgruppen und mit Akkusativ. Was das quantitative Verhältnis anlangt, so gibt es unter den Gefügen mit Präpositionalgruppe mehr lexikalisierte Funktionsverbgefüge, unter den Gefügen mit Akkusativ mehr nicht-lexikalisierte Funktionsverbgefüge.

2.2.4.3. Reflexive Verben und Reflexivität

1. Die Verben (oder Verbformen), die zusammen mit dem Reflexivpronomen *sich* auftreten, bilden keine einheitliche Gruppe (vgl. STÖTZEL 1970). Oft wird von „reflexiven Verben" gesprochen, bei denen sich die Handlung „auf das Subjekt zurückwendet" bzw. „auf den Träger des Geschehens zurückzielt" (vgl. CONRAD 1975, 287; FLÄMIG, in: KLEINE ENZYKLOPÄDIE 1970, 838; vgl. auch

JUNG [6]1980, 189f.; SOMMERFELDT/STARKE/NERIUS 1981, 61), werden dann die beiden Gruppen der „echten reflexiven Verben" (z. B. *sich schämen)* – die reflexiv sein *müssen* – und der „unechten reflexiven Verben" bzw. „reflexiv gebrauchten Verben" (z. B. *sich waschen)* – die reflexiv sein *können* – unterschieden. Diese Bestimmungen sind in mehrfacher Hinsicht anfechtbar, weil die „echten reflexiven Verben" sich gerade nicht „zurückbeziehen" oder „zurückwenden" (semantische Reflexivität gerade umgekehrt nur den „unechten reflexiven Verben" zukommt), weil überdies die „echten reflexiven Verben" nicht mit den obligatorischen Reflexiva identifiziert werden dürfen.

Dennoch muß man zwei Hauptklassen der reflexiven Verben (im weiteren Sinne) unterscheiden (↑ 2.2.1.2., 4.) (vgl. HELBIG/BUSCHA [8]1984, 209ff.):

- die *reflexiven Verben* (im engeren Sinne) (auch: formal-reflexive oder pseudo-reflexive Verben), bei denen das Reflexivpronomen zum Prädikat (zur Lexikon-Eintragung) gehört, bei denen keine semantische Rückbeziehung eines Objekts (oder eines anderen Gliedes) auf ein referenzidentisches Subjekt vorliegt;
- die *reflexiven Konstruktionen* (auch: semantisch-reflexive Verben), bei denen das Reflexivpronomen nicht zum Prädikat (zur Lexikon-Eintragung) gehört, vielmehr ein Objekt (oder ein anderes Satzglied) ist, das sich semantisch auf ein referenzidentisches Subjekt zurückbezieht (nur hier liegt semantische Reflexivität – als Spezialfall der Transitivität unter der Bedingung der Referenzidentität – vor):
  (1) Peter wäscht Monika. (Transitivität)
  (2) *Peter wäscht Peter. → Peter wäscht sich.
  (obligatorische Reflexivierung auf Grund der Referenzidentität).

Diese beiden Klassen lassen sich auch operationell unterscheiden, z. B.:

- Bei reflexiven Konstruktionen kann *sich* durch ein anderes Personalpronomen (bzw. Substantiv) ersetzt werden, bei reflexiven Verben nicht:
  (3) Die Mutter wäscht sich. (reflexive Konstruktion)
  → Die Mutter wäscht ihn (den Säugling).
  (4) Die Mutter schämt sich. (reflexives Verb)
  → *Die Mutter schämt ihn.
- Bei reflexiven Konstruktionen kann *sich* mit einem anderen Personalpronomen (bzw. Substantiv) koordiniert werden, bei reflexiven Verben nicht:
  (5) Die Mutter wäscht sich und ihn.
  (6) *Die Mutter schämt sich und ihn.
- Bei reflexiven Konstruktionen kann *sich* den Satzakzent übernehmen, an erster Stelle im Satz erscheinen und durch *selbst* verstärkt werden, bei reflexiven Verben nicht:

(7a) Die Mutter wäscht sích.
(7b) Sích wäscht die Mutter (, nicht das Kind).
(7c) Die Mutter wäscht sich selbst.
(8a) *Die Mutter schämt sích.
(8b) *Sích schämt die Mutter.
(8c) *Die Mutter schämt sich selbst.

- Bei reflexiven Konstruktionen kann *sich* von einer Sondernegation betroffen werden, bei reflexiven Verben nicht:
  (9) Die Mutter wäscht nicht sich, sondern ihn.
  (10) *Die Mutter schämt nicht sich, sondern ihn.

Diese beiden Hauptklassen lassen sich weiter untergliedern:

die reflexiven Verben danach,
- ob das Reflexivpronomen obligatorisch *(sich schämen)* oder fakultativ ist *((sich) irren)*,
- in welchem Kasus das Reflexivpronomen erscheint: im Akkusativ *(sich schämen)*, im Dativ *(sich etwas verbitten)* oder im Präpositionalkasus *(in sich gehen)*,

die reflexiven Konstruktionen danach,
- welche Satzgliedschaft das Reflexivpronomen hat: Objekt *(sich waschen)*, Adverbiale *(zu sich fahren)* oder freier Dativ *(sich die Hände waschen)*,
- in welchem Kasus das Reflexivpronomen erscheint: im Akkusativ *(sich waschen)*, im Dativ *(sich widersprechen)* oder im Präpositionalkasus *(an sich zweifeln)*.

2. Das Reflexivpronomen drückt jedoch nicht nur Null (wie bei den reflexiven Verben im engeren Sinne) oder (semantische) Reflexivität (wie bei den reflexiven Konstruktionen) aus, sondern kann auch Reziprozität (ein Wechselverhältnis) bezeichnen (↑ 2.2.1.2., 4.). Dabei ist wieder zwischen zwei Hauptgruppen – analog der Unterscheidung zwischen reflexiven Konstruktionen und reflexiven Verben (im engeren Sinne) – zu differenzieren:

- Reflexive Konstruktionen sind im Plural mehrdeutig, weil sie (abhängig vom Kontext) ein reflexives oder ein reziprokes Verhältnis ausdrücken können (Eindeutigkeit wird erreicht durch Auflösung in die Singularformen und durch Ersatz des *sich* durch *einander)*:
  (11) Peter und Hans waschen sich.
  ← (11a) Peter wäscht sich, und Hans wäscht sich. (reflexiv)
  ← (11b) Peter wäscht Hans, und Hans wäscht Peter. (reziprok)
  (11c) Peter und Hans waschen einander. (reziprok)
- Die meisten reflexiven Verben (im engeren Sinne) können kein reziprokes Verhältnis ausdrücken (sie drücken auch keine semantische Reflexivität aus). Es

gibt nur eine kleine Gruppe, die bereits von der Grundbedeutung her reziprok sind und ein logisches Subjekt im Plural haben (das grammatisch entweder durch Plural oder durch Singular + Präpositionalgruppe repräsentiert wird):

(12a) Peter und Hans verbrüdern sich.
(12b) Peter verbrüdert sich mit Hans.
(12c) *Peter verbrüdert sich.

3. Neben Null, Reflexivität und Reziprozität kann *sich* auch Passivität ausdrücken, d. h. als Paraphrase des Passivs (↑ 2.2.3.4., 5.) auftreten:

(13) Das Buch wird sich finden.
(14) Das Brot schneidet sich schlecht.
(15) Im Institut arbeitet es sich schlecht.

Bei diesen „Sonderformen" kann es sich nicht handeln um reflexive Konstruktionen *(sich* ist weder durch ein Personalpronomen ersetzbar noch mit ihm koordinierbar, auch nicht erststellenfähig, beton- und negierbar), auch nicht um reflexive Verben im engeren Sinne *(sich* gehört nicht zum Verb, es gibt keinen Infinitiv des Verbs als Lexikoneintragung, Gebrauch ist auf die 3. Pers. beschränkt). Deshalb sprechen wir hier von *reflexiven Formen,* die weder Bestandteile des Verbs sind noch von allen Formen des Verbs gebildet werden können. Charakteristisch ist für sie, daß ihr Subjektsnominativ kein Agens ist (was auf ihre Nähe zum Passiv hinweist). Dabei sind 3 unterschiedliche Subklassen zu unterscheiden (entsprechend Bsp. (13) bis (15)): Bei (13) und (14) sind verschiedene Substantive als Subjekt mit Patiens-Charakter möglich, bei (15) nur *es* als formales Subjekt (das nicht ersetzbar ist). Bei (13) handelt es sich um eine Passiv-Paraphrase ohne Modalfaktor, bei (14) und (15) dagegen um Passiv-Paraphrasen mit Modalfaktor (das wird bei der jeweiligen Paraphrase durch Passivformen deutlich):

(13a) Das Buch wird gefunden werden.
(14a) Das Brot **kann** schlecht geschnitten werden.
(15a) Im Institut **kann** schlecht gearbeitet werden.

Der bei (14) und (15) enthaltene Modalfaktor kann auch durch die Erweiterung des Satzes durch *lassen* expliziert werden:

(14b) Das Brot läßt sich schlecht schneiden.
(15b) Im Institut läßt es sich schlecht arbeiten.

Oberflächensyntaktisch unterscheiden sich diese 3 Subklassen dadurch, daß zur Bildung eines entsprechenden Satzes im Falle (13) außer dem Prädikat nur ein Subjekt vorhanden sein muß, im Falle (14) dagegen außerdem immer eine Modalbestimmung und im Falle (15) ebenfalls eine Modalbestimmung und darüber hinaus eine weitere zusätzliche Adverbialbestimmung (meistens lokaler oder temporaler Art).

4. Wie das Vorkommen des Reflexivpronomens *sich* nicht automatisch semantische Reflexivität anzeigt, sondern polyfunktional ist (Null, Reflexivität, Reziprozität und Passivität bezeichnen kann), so gibt es umgekehrt auch Fälle, in denen semantische Reflexivität vorhanden ist, ohne daß an der Oberfläche das entsprechende Signal (*sich* als Reflexivpronomen) in Erscheinung tritt:

- bei Infinitiven in Aufforderungsfunktion:
  (16) Waschen! Kämmen!
- bei substantivierten Infinitiven:
  (17) Das Waschen und Kämmen bereitet ihr noch Schwierigkeiten.
- beim Zustandsreflexiv (↑ 2.2.3.4., 4.):
  (18) Der Lehrer ist gut erholt.
  (19) Der Junge ist gekämmt.
- beim entsprechenden attributiven Partizip II von reflexiven Verben und reflexiven Konstruktionen:
  (20) der erholte Lehrer (* der sich erholte Lehrer)
  (21) der gekämmte Lehrer (* der sich gekämmte Lehrer)
  (im Unterschied zum Partizip I: der sich erholende/sich kämmende Lehrer).

Es zeigt sich, daß – ähnlich wie in anderen Bereichen der Grammatik – morphosyntaktische Form und Bedeutung sich nicht direkt entsprechen, wohl aber indirekt und regulär einander zugeordnet sind (↑ 1. und 2.).

2.3. Das Substantiv

Die Substantive machen über die Hälfte des Wortbestandes im Deutschen aus. Sie sind deklinierbar (nicht konjugierbar, nicht komparierbar) und artikelfähig (und auf diese Weise durch die Position im Satz von anderen Wortarten unterscheidbar).

2.3.1. Einteilung der Substantive

2.3.1.1. Einteilung nach morphologischen Kriterien

Die Substantive sind morphologisch zu unterscheiden
- nach unterschiedlichen Typen der Deklination (↑ 2.3.2.1.) und der Pluralbildung (↑ 2.3.2.2.)
- auf Grund ihrer Zugehörigkeit zu einem Genus (Maskulina, Feminina, Neutra) (↑ 2.3.3.1.)
- nach dem Umfang ihrer Teilhabe am Numerusparadigma (↑ 2.3.3.2.)

2.3.1.2. Einteilung nach syntaktischen Kriterien

Syntaktisch ergeben sich auf Grund der Ergänzungsbedürftigkeit und der Valenz (↑ 2.2.1.2., 6.) der Substantive zwei Subklassen:

- absolute Substantive, die keiner Ergänzung bedürfen, keine Leerstellen haben und nicht über syntaktische Valenz verfügen (zumeist Konkreta, die nicht von Verben oder Adjektiven abgeleitet sind, z. B. *Tisch, Baum, Haus);*

- relative Substantive, die einer Ergänzung oder mehrerer Ergänzungen bedürfen, also Leerstellen im Sinne der syntaktischen Valenz haben, die von anderen Substantiven besetzt werden können oder müssen (zumeist Abstrakta, die von Verben oder Adjektiven abgeleitet sind, denen sie in ihrer Valenz entsprechen, die auf diese Weise „satzwertig" sind):
  (1a) Der Direktor **überreicht** die Zeugnisse an die Abiturienten.
  (1b) die **Überreichung** der Zeugnisse an die Abiturienten durch den Direktor
  (2a) Das Land ist **arm** an Rohstoffen.
  (2b) die **Armut** des Landes an Rohstoffen

Wie die Verben, so können auch die Substantive nach der Zahl und Art der Ergänzungen (Aktanten) unterschieden und beschrieben werden (vgl. SOMMERFELDT/SCHREIBER 1977; HELBIG 1986). Nach der Zahl der Aktanten werden unter den relativen Substantiven unterschieden

- einwertige Substantive *(Anwärter, Größe, Begriff, Begleiter, Befangenheit)*
- zweiwertige Substantive *(Beendigung, Einsicht, Einkauf, Bedrohung, Armut)*
- dreiwertige Substantive *(Überreichung, Ausstattung, Einfuhr, Einbau, Einigung)*

2.3.1.3. Einteilung nach semantischen Kriterien

Unter semantischem Aspekt kann man bei den Substantiven unterscheiden zunächst zwischen

- Gattungsnamen (Appellativa), die sowohl eine Gattung (Klasse) gleichartiger Erscheinungen als auch die einzelnen Glieder dieser Gattung bezeichnen (z. B. *Kind, Tür, Tisch)*
- Eigennamen, die nur die einzelnen Glieder einer Gattung bezeichnen (z. B. *Thomas Mann, die Elbe, die Sixtinische Madonna)*

Unter den Gattungsnamen ist weiter zu gliedern nach

- Konkreta als Bezeichnungen für sinnlich wahrnehmbare Erscheinungen (z. B. *Kind, Tür, Tisch)*
- Abstrakta als Bezeichnungen für sinnlich nicht wahrnehmbare Erscheinungen wie z. B. Eigenschaften (z. B. *Härte, Dummheit),* Beziehungen (z. B.

Freundschaft, Ordnung), Zustände oder Vorgänge (z. B. *Hoffnung, Bewegung)*, gedankliche Systeme (z. B. *Theorie, Physik)*.

Die Konkreta unterscheiden sich weiter nach der Beschaffenheit der sinnlich wahrnehmbaren Erscheinung in:

- zählbare Individuativa *(Kind, Tür, Tisch)*
- Stoffnamen *(Gold, Holz, Schnee)*
- Sammelnamen (Kollektiva) *(Bevölkerung, Obst, Gepäck)*

Bei den Eigennamen lassen sich differenzieren

- Personen- (und Tier-)namen *(Thomas Mann, Ralf, Rex)*
- geographische Namen (z. B. Ortsnamen, Bergnamen, Gewässernamen, Ländernamen, Landschaftsnamen)
- Namen für kulturelle oder technische Produkte *(Faust, Sixtinische Madonna, Karlex)*.

Insgesamt ergibt sich folgendes Bild (vgl. Stepanowa/Helbig 1978, 97f.; Helbig/Buscha ^{8}1984, 230f.):

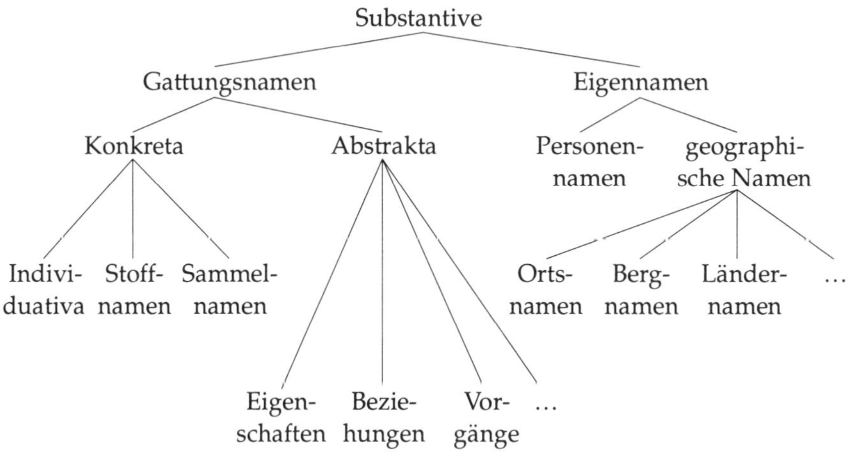

Zu den semantischen Gruppen der Substantive gehören auch solche, die durch Wortbildung miteinander verbunden sind, vor allem bei Substantiven, die von Verben abgeleitet sind („Deverbative"), bei denen man unterscheidet

- Tätigkeitsbezeichnungen (Nomina actionis)
  (das Laufen, die Überreichung)
- Täterbezeichnungen (Nomina agentis)
  (der Läufer, der Raucher)
- Ergebnisbezeichnungen (Nomina acti)
  (die Lieferung, das Eingekochte)

– Bezeichnungen für Mittel oder Instrumente (Nomina instrumenti) (der *Bohrer*, der *Hebel*).

Die semantische Gliederung hat zum Teil morphosyntaktische Reflexe, vor allem beim Gebrauch des Artikels (nur Singular oder nur Plural oder beides). Allerdings gibt es keine direkte Entsprechung: Zwar sind z. B. Stoff- und Sammelnamen zumeist nur im Singular gebräuchlich, aber es gibt auch Stoffnamen, die nur im Plural (*Spaghetti, Trümmer*), und solche, die in Singular und Plural verwendet werden können (*Holz*), ebenso bei den Sammelnamen (*Eltern, Möbel, Familie, Besteck*). Auch die Eigennamen unterscheiden sich im Gebrauch des Artikels untereinander (Ortsnamen z. B. haben Nullartikel, Bergnamen den bestimmten Artikel, Ländernamen beides). Die semantischen Gruppen sind nicht immer scharf voneinander abgrenzbar. Mitunter ist die Zuordnung eines Substantivs zu einer bestimmten Klasse nur auf Grund seiner Verwendung im Satz möglich (z. B. *Jugend* als Sammelname (= die Jugendlichen) oder als Abstraktum (= das jugendliche Alter); *Lieferung* als nomen actionis oder nomen acti).

2.3.2. Formensystem des Substantivs

2.3.2.1. Deklinationstypen

Nach der Deklination sind 3 Typen von Substantiven zu unterscheiden:

	Typ 1		**Typ 2**	**Typ 3**
Nominativ	*der Lehrer*	*das Fenster*	*der Bote*	*die Frau*
Akkusativ	*den Lehrer*	*das Fenster*	*den Bote**n***	*die Frau*
Dativ	*dem Lehrer*	*dem Fenster*	*dem Bote**n***	*der Frau*
Genitiv	*des Lehrer**s***	*des Fenster**s***	*des Bote**n***	*der Frau*

Unterscheidungsmerkmal ist dabei die Endung im Genitiv (und bei Typ 2 auch im Akkusativ und Dativ).

Dem Typ 1 („starke Deklination") mit *-(e)s* im Genitiv folgen die Mehrzahl der Maskulina und alle Neutra (außer *Herz*). Dem Typ 2 („schwache Deklination") mit *-(e)n* im Genitiv (sowie im Akkusativ und Dativ) folgen Maskulina, die Lebewesen bezeichnen und im Nominativ entweder endungslos sind (z. B. *Mensch, Bär*) oder auf *-e* ausgehen sowie zahlreiche Fremdwörter (auf *-ant, -ent, -ist* u. a.). Dem Typ 3 (ohne Deklinationsendung) folgen alle Feminina. Einige Maskulina (*Name, Buchstabe, Funke, Gedanke, Wille*) werden nach einem Mischtyp aus Typ 1 und 2 flektiert (*der Name, den Name**n**, dem Name**n**, des Name**ns***), ähnlich das Neutrum *Herz* (*das Herz, das Herz, dem Herz**en**, des Herz**ens***).

2.3.2.2. Pluralbildung

Wie die Konjugation die Formenbildung des Verbs ist, so ist die Deklination die Formenbildung des Substantivs (sowie des Adjektivs, Pronomens und Artikels). Sie umfaßt neben der Deklination im engeren Sinne (= Kasusbildung, ↑ 2.3.2.1.) die Pluralbildung. Die Kasusbildung bereitet im Plural keine Schwierigkeiten, da nur der Dativ das Flexionskennzeichen *-n* erhält, das an den Nominativ des Plurals angefügt wird (und dann entfällt, wenn der Nom. Plur. bereits auf *-n* oder *-s* ausgeht). Entscheidend für die Deklination im Plural ist deshalb die Pluralbildung, d. h. die Bildung des Nominativs Plural. Nach den dafür zur Verfügung stehenden 5 Formativen (*-e, -(e)n, ø, -er, -s;* in einigen Fällen ohne und mit Umlaut) werden unterschieden:

	Typ 1	**Typ 2**	**Typ 3**	**Typ 4**	**Typ 5**
Nominativ	*die Tag**e***	*die Bote**n***	*die Koffer*	*die Kind**er***	*die Park**s***
Akkusativ	*die Tage*	*die Boten*	*die Koffer*	*die Kinder*	*die Parks*
Dativ	*den Tage**n***	*den Boten*	*den Koffer**n***	*den Kinder**n***	*den Parks*
Genitiv	*der Tage*	*der Boten*	*der Koffer*	*der Kinder*	*der Parks*

	Typ 1		**Typ 3**	**Typ 4**
Nominativ	*die Bäll**e***		*die Vögel*	*die Häus**er***
Akkusativ	*die Bälle*		*die Vögel*	*die Häuser*
Dativ	*den Bälle**n***		*den Vögel**n***	*den Häuser**n***
Genitiv	*der Bälle*		*der Vögel*	*der Häuser*

Dem Typ 1 folgen viele Maskulina (mit oder ohne Umlaut), einsilbige Neutra und Neutra mit untrennbarem Präfix (zumeist ohne Umlaut), einsilbige Feminina (mit Umlaut) sowie maskuline und neutrale Fremdwörter auf *-ar, -at, -eur* usw. Dem Typ 2 folgen die meisten Feminina (mit Ausnahme der genannten Gruppe der einsilbigen Feminina), die Maskulina des Singulartyps 2 und die Maskulina des singularischen Mischtyps sowie einige Maskulina des Singulartyps 1 (z. B. *Dorn, Fleck, Schmerz).* Dem endungslosen Typ 3 folgen die meisten Maskulina auf *-el, -en, -er* (mit oder ohne Umlaut) und die Neutra auf *-el, -en, -er, -lein, -sel* (zumeist ohne Umlaut). Nach dem Typ 4 bilden den Plural einsilbige Neutra (bei umlautfähigem Vokal mit Umlaut) und einige Maskulina (z. B. *Geist, Mann, Wald).* Dem Typ 5 folgen viele Fremdwörter (besonders aus dem Englischen und Französischen) sowie Substantive, die auf einen Vokal (außer *-e)* enden (z. B. *Sofa, Vati).*

Einige Substantive, die im Singular homonym sind (verschiedene Bedeutung haben), folgen im Plural unterschiedlichen Deklinationstypen (z. B. *die Bank – die Banken/die Bänke; die Mutter – die Muttern/die Mütter),* manchmal im

Singular schon differenziert durch ein unterschiedliches Genus (z. B. *der Band – die Bände/das Band – die Bänder).*

2.3.2.3. Deklination der substantivisch gebrauchten Adjektive

Besondere Probleme der Deklination gibt es bei dem Übergang von Adjektiven (und Partizipien) in die Wortart der Substantive, weil dabei 2 Möglichkeiten zu unterscheiden sind:

- Die Adjektive gehen syntaktisch und morphologisch in die Klasse der Substantive über, d. h., sie haben die gleichen Satzgliedfunktionen wie die Substantive, sind artikelfähig, können Attribute aufnehmen und werden auch wie Substantive dekliniert (Substantivierung von Adjektiven).
- Die Adjektive gehen nur syntaktisch, nicht aber morphologisch in die Klasse der Substantive über, d. h., sie haben die gleichen Satzgliedfunktionen wie die Substantive, sind artikelfähig und können Attribute aufnehmen, werden aber nicht wie Substantive, sondern nach dem Muster der Adjektive dekliniert (substantivischer Gebrauch von Adjektiven):

(1) Der / Ein } Jung**e** { aus der 8. Klasse hat den ersten Preis gewonnen.
(Substantivierung)

(2) Das Jung**e** / Ein Jung**es** { der Löwin ist in das Wasser gefallen.
(substantivischer Gebrauch)

Die Substantivierung folgt den Regularitäten der Substantive, die jeweils einem bestimmten Deklinationstyp zugeordnet sind (entweder 1 *oder* 2 *oder* 3), unabhängig von ihrer Verwendung nach dem bestimmten oder unbestimmten Artikel. Beim substantivischen Gebrauch wird das Wort – wie das Adjektiv – stark *und* schwach dekliniert in Abhängigkeit vom bestimmten oder unbestimmten Artikel.

2.3.3. Kategorien des Substantivs

2.3.3.1. Genus

Beim Genus des Substantivs ist zwischen dem natürlichen Geschlecht (= Sexus) und dem grammatischen Genus zu unterscheiden. Das Genus wird gekennzeichnet durch Artikel (↑ 2.6.), durch Artikelwörter (↑ 2.6.1.) oder durch attributive Adjektive (↑ 2.4.2.); auf das Genus bezogen sind die Deklinationstypen der Substantive (↑ 2.3.2.1.).

1. Das *natürliche Geschlecht*, das im Deutschen eine geringere Rolle spielt, kennt nur Maskulina („männliche" Substantive) und Feminina („weibliche" Substantive). Nur bei einigen Gruppen von Lebewesen wird das grammatische Genus vom natürlichen Geschlecht bestimmt:

- bei Personenbezeichnungen, vor allem Verwandtschaftsnamen *(der Onkel – die Tante)* und Berufsbezeichnungen *(der Koch – die Köchin)*
- bei einigen Tiernamen (vor allem für Haus- und Wildtiere, bei denen das natürliche Geschlecht relevant erscheint) (z. B. *der Hahn – die Henne, der Hengst – die Stute).*

Allerdings fehlt bei manchen neueren Berufsbezeichnungen eine feminine Form (oder ist weniger gebräuchlich), so daß die maskuline Form nicht nur für männliche, sondern auch für weibliche Personen gebraucht wird (z. B. *Frau Müller ist Ingenieur und Rektor der Hochschule).* In einigen Fällen widerspricht das grammatische Genus dem natürlichen Geschlecht (z. B. *das Mädchen, das Fräulein, das Mannequin, die Wache).*

2. Das *grammatische Genus,* das im Deutschen vorherrschend ist, kennt Maskulina, Feminina und Neutra (lat. *neutrum* – keines von beiden). Die Zugehörigkeit der Substantive zu einem grammatischen Genus ergibt sich nicht durch die Wirklichkeit (und ihre Abbildung), sondern ist teils durch semantische Gruppierungen, teils formal – durch den Wortbildungstyp – festgelegt:

- Maskulina sind z. B. Bezeichnungen für Jahreszeiten, Monate und Wochentage *(der Winter, der Februar, der Montag)*, für Winde und Niederschläge *(der Monsun, der Regen)*, für Spirituosen *(der Sekt)*, für Automarken und Zugnamen *(der Mercedes, der Vindobona)*, für Berge *(der Brocken, der Großglockner)*; Feminina z. B. Namen von Schiffen und Flugzeugen *(die Rostock, die Boeing)*, von Bäumen und Blumen *(die Kiefer, die Rose)*, von Zigarettensorten *(die Kent)* und vielen Flüssen *(die Elbe)*; Neutra z. B. Namen von Hotels und Kinos *(das Hilton, das Kapitol)* von chemischen Elementen *(das Eisen)*, von Kontinenten, Ländern und Städten *(das südliche Australien, das neutrale Schweden, das Elsaß).*
- Maskulina sind z. B. Deverbativa ohne Suffix *(der Sprung)*, Substantive auf *-ig, -ling (der Pfennig, der Lehrling)*, Fremdwörter auf *-ant, -är, -ent, -et, -eur, -ist, -loge, -or, -us (der Demonstrant, der Funktionär, der Astrologe, der Absolvent)*; Feminina z. B. Substantive mit den Suffixen *-ei, -heit, -keit, -schaft, -ung (die Bücherei, die Wahrheit, die Fähigkeit)* und Fremdwörter *auf -age, -ät, -anz, -enz, -ie, -ik, -ion (die Etage, die Qualität, die Distanz)*; Neutra z. B. die Diminutiva auf *-chen* und *-lein (das Häuschen, das Büchlein)*, Kollektiva mit *Ge- (das Gebirge)*, substantivierte Infinitive auf *-en (das Schwimmen)*, Fremdwörter auf *-ett, -il, -ma, -o, (m)ent, -um (das Kabinett, das Ventil, das Drama).*

Im Deutschen gibt es eine Reihe von Substantiven mit doppeltem Genus:

- Substantive mit gleicher Form, gleicher Bedeutung und verschiedenem Genus (schwankendem Genus) (z. B. *der/die Abscheu, der/das Bonbon, der/das Gulasch)*

- Substantive mit gleicher Form, verschiedener Bedeutung und verschiedenem Genus (Homonyme) (z. B. *der/das Band, der/das Laster, der/die See)*

- Substantive mit ähnlicher Form, verschiedener Bedeutung und verschiedenem Genus (z. B. *der Kohl/die Kohle, das Etikett/die Etikette, der Typ/die Type).*

2.3.3.2. Numerus

Der Numerus (die „Zahl") ist eine semantische Kategorie und ergibt sich aus der Gegliedertheit des durch das Substantiv bezeichneten Objekts der außersprachlichen Realität. Im Deutschen gibt es zwei Numeri: Singular („Einzahl") und Plural („Mehrzahl"). Im *Singular* steht das Substantiv, wenn es als Eines oder nicht als gegliederte Vielheit erscheint, im *Plural,* wenn es als Mehreres oder als gegliederte Vielheit benannt werden soll. Die meisten deutschen Substantive kommen in beiden Numeri vor. Daneben gibt es aber auch einige Substantive, die auf Grund ihrer Bedeutung auf einen Numerus beschränkt sind, die entweder nur im Singular (Singulariatantum) oder nur im Plural (Pluraliatantum) vorkommen.

Zu den Singulariatantum rechnen:
- Stoffnamen *(Kaffee, Schnee, Milch, Butter)*
- Sammelnamen (Kollektiva) *(Bevölkerung, Obst, Gepäck)*
- Abstrakta *(Fleiß, Erziehung, Verkehr, Glück, Bewußtsein)*
- Eigennamen *(Thomas Mann, Polen, München).*

Zu den Pluraliatantum gehören:
- geographische Bezeichnungen *(Alpen, Karpaten, Azoren, Niederlande)*
- Personengruppen *(Eltern, Geschwister, Leute, Gebrüder)*
- Zeitabschnitte *(Ferien, Flitterwochen)*
- Krankheiten *(Masern, Pocken, Röteln)*
- Sammelbegriffe in Handel und Wirtschaft *(Kurzwaren, Lebensmittel, Möbel, Naturalien, Textilien)*
- Finanz- und Rechtsbegriffe *(Alimente, Diäten, Einkünfte, Immobilien, Unkosten, Spesen)*
- Begriffe des menschlichen Verhaltens *(Ränke, Schliche).*

2.3.3.3. Kasus

Die Kasus – Nominativ, Akkusativ, Dativ und Genitiv – dienen dazu, die syntaktischen Beziehungen des Substantivs zu anderen Elementen im Satz mit Hilfe morphologischer Mittel zum Ausdruck zu bringen. Es handelt sich dabei um die Beziehungen
- zwischen Verb und Substantiv *(ein Buch lesen)*
- zwischen Adjektiv und Substantiv *(der Sorgen ledig)*
- zwischen Präposition und Substantiv *(in der Schule)*
- zwischen Substantiv und Substantiv *(der Freund des Lehrers)*.

Dieselben oder ähnliche Beziehungen werden nicht nur durch Kasusendungen, sondern auch durch Präpositionen ausgedrückt:

(1) Er schreibt **seinem Vater** einen Brief.
(2) Er schreibt **an seinen Vater** einen Brief.

Beim reinen Kasus (ohne Präposition) (1) besteht ein unmittelbarer Kontakt mit dem in einem bestimmten Kasus stehenden (abhängigen) Substantiv und dem übergeordneten Wort (Verb, Adjektiv, Substantiv), beim präpositionalen Kasus (2) ist der Kontakt durch die Präposition vermittelt (der Kasus hängt von der Präposition ab). Die einzelnen Kasus haben unterschiedliche syntaktische und semantische Funktionen und lassen sich deshalb kaum auf eine gemeinsame „Gesamtbedeutung" festlegen (vgl. KAZNELSON 1974, 51ff.; HELBIG 1973a).

1. Die *syntaktischen Funktionen* der Kasus sind die Funktionen, die sie als Satzglieder (↑ 3.2.) haben.

- Der *Nominativ* (die neutrale Grundform im Kasussystem des Deutschen) kann das Subjekt *(Der Lehrer liest das Buch)*, das Prädikativ *(Er ist Student)* und die Apposition *(Herr Müller, der Direktor, ist gestorben)* ausdrücken und darüber hinaus der bloßen Benennung *(ein schöner Morgen)* und dem Anruf (der Anrede) dienen *(Lieber Freund!)*.

- Der *Akkusativ* kann die Funktion eines Objekts zum Verb *(Der Lehrer liest das Buch)* oder zum adjektivischen Prädikativ *(Er ist den Besucher los)*, die eines Objektsprädikativs *(Man nennt ihn einen begabten Schüler)*, einer Adverbialbestimmung *(Er arbeitet jeden Tag)* und einer Apposition *(Wir begrüßen Herrn Müller, den Direktor)* ausüben.

- Der *Dativ* kann fungieren als Objekt zum Verb *(Wir helfen den Schülern)* oder zum Adjektiv *(Er ist seiner Frau treu)*, als freier Dativ verschiedener Art *(Meinem Vater schmerzt der Kopf. Er trägt seiner Mutter die Tasche. Die Zeit vergeht den Schülern zu langsam)* und als Apposition *(Wir antworten Herrn Müller, dem Direktor)*.

– Der *Genitiv* hat die Funktion eines Objekts zum Verb *(Er erinnert sich seines Hochzeitstages)* oder zum Adjektiv *(Sie ist aller Sorgen ledig)*, eines Prädikativs *(Der Lehrer ist guter Laune)*, einer Adverbialbestimmung *(Wir trafen uns eines Abends)*, eines Attributs *(Das Auto des Vaters wurde verkauft)* – in der Gegenwartssprache die häufigste Verwendung des Genitivs – und einer Apposition *(Wir gedachten Herrn Müllers, des letzten Direktors)*.

– Die *präpositionalen Kasus* erfüllen dieselben syntaktischen Funktionen wie die reinen Kasus: als Objekt zum Verb *(Sie denkt an ihre Kinder)* oder zum Adjektiv *(Das Land ist reich an Rohstoffen)*, als Adverbialbestimmung *(Er wohnt in Paris)*, als Subjektsprädikativ *(Das Problem ist von großer Bedeutung)* und als Objektsprädikativ *(Er hält ihn für ein Genie)*, als Attribut *(Die Freude über das Ergebnis hat ihn beflügelt)* und als prädikatives Attribut *(Er traf ihn im dunklen Anzug)*.

2. Diesen syntaktischen Funktionen entsprechen – aber nicht in direkter Weise – bestimmte *semantische Funktionen*, die auch als „semantische Kasus" bezeichnet werden (z. B. Agens, Patiens, Adressat, Instrumental, Lokativ) (vgl. FILLMORE in: KASUSTHEORIE 1971) – im Unterschied zu den herkömmlichen (Oberflächen-)Kasus (Nominativ, Akkusativ, Dativ, Genitiv). Diese Oberflächenkasus sind nur Kasus*formen*, hinter denen sich unterschiedliche semantische Kasus verbergen können (die in ihnen neutralisiert sein können):

(3) der Besuch **des Vaters** (Genitiv als Attribut)
(3a) ← **Der Vater** besucht X. (als Ausdruck des Agens)
(3b) ← X besucht **den Vater.** (als Ausdruck des Patiens)

Wie die Oberflächenkasus kein linearer Ausdruck der Satzglieder sind, so bilden die Satzglieder (als syntaktische Funktionen) ihrerseits nicht in *direkter* Weise außersprachliche Sachverhalte ab. Wie *einem* Satzglied *mehrere* Oberflächenkasus zugeordnet werden können (und umgekehrt), so können auch *einem* Satzglied *mehrere* semantische Kasus zugeordnet werden (und umgekehrt). Der Nominativ als Subjekt kann z. B. das Agens, das Patiens, das Identifizierte oder das Eingeordnete bezeichnen:

(4) **Der Mieter** stellt den Schrank auf.
(5) **Der Schrank** wird aufgestellt.
(6) **Paris** ist die Hauptstadt Frankreichs.
(7) **Paris** ist eine Millionenstadt.

Auch der Akkusativ als Objekt kann verschiedene semantische Funktionen haben, u. a. das effizierte Objekt (das erst im Prozeß der im Verb ausgedrückten Handlung entsteht) und das affizierte Objekt (das bereits vor der im Verb ausgedrückten Handlung existiert, aber durch die Handlung betroffen und in seinem Sosein verändert wird) bezeichnen:

(8) Der Schriftsteller schreibt **das Buch.**
(9) Der Kunde packt **das Buch** ein.

Besonders vielfältig sind die semantischen Funktionen, die dem Genitiv als Attribut zukommen (↑ 3.4.2., 3.).

2.4. Das Adjektiv

Die Adjektive sind – nach den Substantiven und Verben – die drittgrößte Wortklasse im Deutschen. Adjektive sind deklinierbar (wie die Substantive) und komparierbar (im Unterschied zu den Substantiven). Syntaktisch stehen sie vor allem in prädikativer und attributiver Position.

2.4.1. Einteilung der Adjektive

2.4.1.1. Einteilung nach morphologischen Kriterien

Nach dem Vorhandensein von Deklinations- und Komparationsformen werden unterschieden

- Adjektive, die sowohl deklinierbar als auch komparierbar sind (sie bilden das Zentrum der Adjektive) (z. B. *klein, gesund, tüchtig, sauber)*
- Adjektive, die deklinierbar, aber nicht komparierbar sind (z. B. *tot, fertig, mündlich, gemeinsam, heilbar, ledig, kinderlos)*
- Adjektive, die weder deklinierbar noch komparierbar sind (sie bilden die Peripherie der Adjektive) (z. B. *lila, rosa, beige, schuld, barfuß, entzwei).*

2.4.1.2. Einteilung nach syntaktischen Kriterien

1. Nach ihrer syntaktischen Funktion (Satzgliedschaft) werden unterschieden (vgl. Motsch [7]1973)

- Adjektive, die prädikativ, attributiv und adverbial verwendet werden können (als Zentrum oder Kernbereich der Adjektive) (z. B. *tüchtig, schön, fest, fleißig*):
  (1) Der Arzt ist **tüchtig** (Prädikat)
  (2) der **tüchtige** Arzt (Attribut)
  (3) Er arbeitet **tüchtig.** (Adverbiale)
- Adjektive, die prädikativ und attributiv verwendet werden können (z. B. *klein, billig, fertig, teilbar, blau)*

- Adjektive, die attributiv und adverbial verwendet werden können (z. B. *gerichtlich, väterlich, künftig, monatlich)*
- Adjektive, die nur attributiv verwendet werden können (z. B. *betrieblich, steuerlich, golden, steinern)*
- Adjektive, die nur prädikativ verwendet werden können (sie gehören zur äußeren Peripherie der Adjektive) (z. B. *schuld, entzwei, schade, egal, feind, untertan, gram, los).*

2. Im Hinblick auf das Verhältnis zum Substantiv (als notwendigem Bezugswort des Adjektivs) gibt es (ähnlich wie beim Verb; ↑ 2.2.1.2., 3.)

- (syntaktisch) absolute Adjektive, die außer diesem Bezugswort keine weiteren Ergänzungen verlangen (z. B. *schön, fleißig, gesund, berühmt, ausgezeichnet)*
- (syntaktisch) relative Adjektive, die außer diesem Bezugswort noch weitere Ergänzungen verlangen (z. B. *bedürftig, schuld, dankbar, ähnlich).*

3. Nach der Valenz (↑ 2.2.1.2., 6.) des Adjektivs, d. h. der Zahl der nötigen und möglichen Aktanten ist – ähnlich wie beim Substantiv – zu differenzieren (vgl. SOMMERFELDT/SCHREIBER 1974) zwischen

- einwertigen Adjektiven (z. B. *beachtlich, bedenklich, schön, gesund)*
- zweiwertigen Adjektiven (z. B. *los, ledig, bewußt, bewandert, besessen)*
- dreiwertigen Adjektiven (z. B. *ähnlich, behilflich, schuldig)*

4. Nach der Rektion (↑ 2.2.1.2., 5.) des Adjektivs sind mehrere Gruppen zu unterscheiden, z. B.

- Adjektive, die den Akkusativ regieren (z. B. *breit, tief, wert, gewohnt, los)*
- Adjektive, die den Dativ regieren (z. B. *ähnlich, angeboren, willkommen)*
- Adjektive, die den Genitiv regieren (z. B. *bedürftig, kundig, würdig)*
- Adjektive, die einen Präpositionalkasus regieren (die weiter differenziert werden können danach, welche Präposition stehen muß) (z. B. *beteiligt, interessiert (an), bedacht, eifersüchtig (auf), empfindlich, immun (gegen), bekannt, einverstanden (mit), abhängig, besessen (von))*
- Adjektive, die Dativ und Präpositionalkasus regieren (z. B. *ähnlich, behilflich, dankbar)*
- Adjektive, die Akkusativ und Dativ regieren (z. B. *schuldig)*
- Adjektive, die 2 Präpositionalkasus regieren (z. B. *einig, vergleichbar).*

2.4.1.3. Einteilung nach semantischen Kriterien

1. Die Adjektive werden eingeteilt in qualitative und (semantisch) relative Adjektive: Qualitative drücken die Merkmale (Eigenschaften) eines Objekts der Realität direkt durch die eigentliche Bedeutung aus (z. B.: *das große Haus, die heilbare Krankheit*). (Semantisch) relative Adjektive drücken das Merkmal eines Objekts durch dessen Beziehung zu einem anderen Objekt oder Realitätsfaktor wie Raum, Zeit u. a. aus (*das väterliche Haus* = das Haus des Vaters; *französischer Wein* = Wein aus Frankreich). Oft sind diese semantischen Klassen mit morphologischen und syntaktischen Klassen verbunden (die qualitativen Adjektive – als Zentrum der Wortklasse – sind zumeist sowohl deklinierbar als auch komparierbar, sowohl prädikativ als auch attributiv verwendbar, die semantisch-relativen Adjektive sind meist nicht komparierbar und nicht prädikativ verwendbar). Aber diese Verbindung der Gruppen nach unterschiedlichen Kriterien ist nicht direkt (es gibt z. B. qualitative Adjektive (*weiß, grün, tot, fertig*), die nicht komparierbar, und relative Adjektive, die – in übertragener Bedeutung – auch prädikativ verwendet werden können (*eiserner Wille; der Wille ist eisern*).

2. Über diese beiden Hauptgruppen hinaus lassen sich weitere Untergruppen nach der Art des vom Adjektiv bezeichneten Merkmals unterscheiden. Diese Untergruppen sind oft, aber nicht immer mit den genannten morphologischen und syntaktischen Merkmalen (↑ 2.4.1.1. und 2.4.1.2.) verbunden: Zu den qualitativen Adjektiven ohne Komparation gehören z. B. die Farbadjektive und einige andere Adjektive, die von der Bedeutung her keine Graduierung erlauben. Einige wenige Farbadjektive (*rosa, beige, lila*) sind nicht deklinierbar. Zu den Gruppen der deklinierbaren, aber nicht komparierbaren Adjektive, die nur attributiv, nicht aber prädikativ verwendet werden, gehören die semantischen Gruppen der Bezugsadjektive im engeren Sinne (*väterlich, ärztlich, betrieblich*), der Herkunftsadjektive (*französisch, bulgarisch*), der Stoffadjektive (*eisern, golden*), der Temporaladjektive (*damalig, heutig*), der Lokaladjektive (*hiesig, auswärtig*) und der Ordinalzahlen (*zehnte, hundertste*). Die Kardinalzahlen dagegen (*vier, zehn*) werden attributiv und prädikativ gebraucht und sind in der Regel weder deklinierbar noch komparierbar.

2.4.2. Deklination

Nur die attributiven Adjektive haben verschiedene Deklinationsformen. In prädikativer und adverbialer Funktion erscheinen die Adjektive in ihrer endungslosen Grundform:

(1) der fleißig**e** Lehrer (2) ein fleißig**er** Lehrer (3) mit dem fleißig**en** Lehrer	(attributiv)

(4) Der Lehrer ist fleißig. } (prädikativ)
(5) Die Lehrer sind fleißig.

(6) Der Lehrer arbeitet fleißig. } (adverbial)
(7) Die Lehrer arbeiten fleißig.

Die Deklination der attributiven Adjektive ist abhängig vom Substantiv (als Bezugswort), das hinter ihnen steht, und vom Artikel (genauer Artikelwort, vgl. ↑ 2.6.1.), der (das) vor ihnen steht. Bei der Abhängigkeit vom folgenden Substantiv handelt es sich um grammatische Kongruenz (Übereinstimmung) im Genus, Numerus und Kasus (↑ 2.3.3.). Die Abhängigkeit vom vorausgehenden Artikelwort besteht darin, daß die vollen Endungen, die die grammatischen Kategorien des Genus, Numerus und Kasus ausdrücken, stets nur einmal – entweder beim Artikelwort oder beim Adjektiv – erscheinen (Prinzip der „Monoflexion"). Da der bestimmte Artikel *(der)* die Merkmale für Genus, Numerus und Kasus bereits enthält, werden sie beim Adjektiv nicht noch einmal ausgedrückt (vgl. Bsp. (1)); da sie beim unbestimmten Artikel *(ein)* nicht enthalten sind, werden sie durch das Adjektiv ausgedrückt (vgl. Bsp. (2)). Auf diese Weise ist die Deklination der Adjektive – auf Grund der Abhängigkeit vom Artikelwort beim Substantiv – variabel (im Gegensatz zum Substantiv). Jedes Substantiv folgt einem bestimmten Deklinationstyp (↑ 2.3.2.1.), jedes Adjektiv folgt mehreren Deklinationstypen in Abhängigkeit vom Artikelwort. Im einzelnen lassen sich 3 Deklinationstypen beim Adjektiv unterscheiden:

1. *Starke* (oder pronominale) *Deklination*, d. h. Deklination nach dem Nullartikel, aber auch nach einigen anderen Artikelwörtern *(dessen, deren, wessen, manch, solch, welch;* z. T. auch *einige, etliche, mehrere)*:

	Mask.	Neutr.	Fem.
Sing.			
Nom.	– *groß**er** Mann*	– *groß**es** Kind*	– *groß**e** Hoffnung*
Akk.	– *groß**en** Mann*	– *groß**es** Kind*	– *groß**e** Hoffnung*
Dat.	– *groß**em** Mann*	– *groß**em** Kind*	– *groß**er** Hoffnung*
Gen.	– *groß**en** Manns*	– *groß**en** Kindes*	– *groß**er** Hoffnung*
Plur.			
Nom.	– *groß**e** Männer*	/ *Kinder*	/ *Hoffnungen*
Akk.	– *groß**e** Männer*	/ *Kinder*	/ *Hoffnungen*
Dat.	– *groß**en** Männern*	/ *Kindern*	/ *Hoffnungen*
Gen.	– *groß**er** Männer*	/ *Kinder*	/ *Hoffnungen*

2. *Schwache* (oder nominale) *Deklination*, d. h. Deklination nach dem bestimm-

ten Artikel, aber auch nach einigen anderen Artikelwörtern *(derjenige, derselbe, dieser, jener, jeder,* z. T. auch *mancher, irgendwelcher, solcher, welcher, aller)*:

	Mask.	Neutr.	Fem.
Sing.			
Nom.	*der groß**e** Mann*	*das groß**e** Kind*	*die groß**e** Hoffnung*
Akk.	*den groß**en** Mann*	*das groß**e** Kind*	*die groß**e** Hoffnung*
Dat.	*dem groß**en** Mann*	*dem groß**en** Kind*	*der groß**en** Hoffnung*
Gen.	*des groß**en** Mannes*	*des groß**en** Kindes*	*der groß**en** Hoffnung*

Plur.						
Nom.	*die*		*Männer*		*Kinder*	
Akk.	*die*	*groß**en***	*Männer*	*groß**en***	*Kinder*	*groß**en** Hoffnungen*
Dat.	*den*		*Männern*		*Kindern*	
Gen.	*der*		*Männer*		*Kinder*	

3. *Gemischte Deklination*, d. h. Deklination nach dem Possessivpronomen, aber auch nach anderen Artikelwörtern (dem unbestimmten Artikel *ein, kein, manch ein, solch ein, mancher, solcher)* – gemischt deshalb, weil in der Mehrzahl die Artikelwörter die grammatische Kennzeichnung für Genus, Numerus und Kasus enthalten (in diesen Fällen: Adjektiv schwach), in einigen endungslosen Formen des Singulars aber nicht (in diesen Fällen: Adjektiv stark):

	Mask.	Neutr.	Fem.
Sing.			
Nom.	*sein groß**er** Mann*	*sein groß**es** Kind*	*seine groß**e** Hoffnung*
Akk.	*seinen groß**en** Mann*	*sein groß**es** Kind*	*seine groß**e** Hoffnung*
Dat.	*seinem groß**en** Mann*	*seinem groß**en** Kind*	*seiner groß**en** Hoffnung*
Gen.	*seines groß**en** Mannes*	*seines groß**en** Kindes*	*seiner groß**en** Hoffnung*

Plur.							
Nom.	*seine*		*Männer*		*Kinder*		
Akk.	*seine*	*groß**en***	*Männer*	*groß**en***	*Kinder*	*groß**en***	*Hoffnungen*
Dat.	*seinen*		*Männern*		*Kindern*		
Gen.	*seiner*		*Männer*		*Kinder*		

Daneben gibt es Fälle, in denen die Deklination „schwankend" ist, weil mehrere Möglichkeiten nebeneinander bestehen (nach *alle, beide, folgende, viele)*:

(8) alle gut**e**/gut**en** Bücher
(9) folgende neu**e**/neu**en** Zeitschriften

2.4.3. Komparation

Die Komparation (auch: Graduierung, Steigerung) ist eine nur dem Adjektiv eigene (und darum für diese Wortklasse primäre) Kategorie, die Gradunterschiede oder verschiedene Stufen eines Merkmals ausdrückt. Sie tritt bei prädikativem, attributivem und adverbialem Gebrauch auf. Es werden 3 grammatische Komparationsstufen unterschieden (Positiv, Komparativ, Superlativ), die mit Hilfe von Suffixen gebildet werden; Graduierung ist jedoch auch mit Hilfe anderer Sprachmittel möglich.

1. Der *Positiv* (ohne besonderes Formativ) bezeichnet die Grundstufe des Adjektivs, in der die Adjektive einfach genannt werden *(alt, schlank)*. Im Vergleich bezeichnet der Positiv die Gleichheit der verglichenen Objekte:
(10) Der Junge ist so groß wie sein Bruder.

2. Der *Komparativ* als 1. Vergleichsstufe wird mit dem Suffix *-er* gebildet und bezeichnet die Ungleichheit zweier miteinander verglichener Objekte:
(11) Der Junge ist größ**er** als sein Bruder.
In bestimmten Verbindungen steht der Komparativ auch ohne Vergleich, drückt dann aber nicht einen höheren, sondern einen geringeren Grad als der Positiv aus:
Ein *älterer* Mann ist nicht älter, sondern jünger als ein alter Mann.

3. Der *Superlativ* als 2. Vergleichsstufe wird mit dem Suffix *-(e)st* bzw. (in prädikativer Funktion) auch mit *am* + *-(e)sten* gebildet. Er drückt die Höchststufe bei einem Vergleich von mehr als zwei miteinander verglichenen Größen aus:

(12) Peter war der fleißig**ste** Junge in der Klasse.
(13) Peter war in der Klasse der fleißig**ste**.
(14) Peter war in der Klasse **am** fleißig**sten.**

Wenn der Superlativ ohne Vergleich steht (Elativ oder absoluter Superlativ), bezeichnet er einen sehr hohen Grad:

(15) Gestern war das herrlichste Wetter.

4. Es gibt einige Besonderheiten:

- Manche Adjektive (mit umlautfähigem Vokal) bilden ihre grammatischen Komparationsformen mit Umlaut *(alt – älter – älteste, kalt – kälter – kälteste)*, manche mit oder ohne Umlaut *(blaß – blasser/blässer – blasseste/blässeste, glatt – glatter/glätter – glatteste/glätteste)*. Vereinzelt tritt – neben diesem Vokalwechsel – auch Konsonantenwechsel auf *(hoch – höher – höchste)*.

– Bei zusammengesetzten Adjektiven wird in der Regel das zweite Glied gesteigert *(die altmodischsten Schuhe)*, das erste Glied nur dann, wenn es in der Zusammensetzung eine relative Selbständigkeit bewahrt hat *(das dichterbesiedelte Land)*.

5. Graduierung ist auch möglich

– mit Hilfe unterschiedlicher Wortstämme *(gut – besser – beste; viel – mehr – meiste; wenig – weniger/minder – wenigste/mindeste)*

– mit Hilfe von Partikeln *(eine ihm mehr zusagende Arbeit, die am meisten zerstörte Stadt, besonders guter Stoff, die überaus gute Arbeit)*

– mit Hilfe von Wortbildungsmitteln *(das nagelneue Haus, seine hyperkorrekte Aussprache, ein hochmodernes Flugzeug)*.

2.5. Das Adverb

Adverbien sind unflektierbar (weder konjugier- noch deklinierbar) – im Unterschied zu Verben, Substantiven und Adjektiven –, haben aber wie diese Satzgliedwert, d. h. können Satzglieder (bzw. Satzgliedteile) repräsentieren. Insofern nehmen die Adverbien eine Zwitterstellung zwischen den autosemantischen Hauptwortarten (Verb, Substantiv, Adjektiv) und den synsemantischen Funktionswörtern (wie z. B. Artikel, Pronomen, Konjunktion, Präposition) ein. Semantisch bezeichnen die Adverbien die Umstände des Geschehens, dienen der Situierung in Raum und Zeit sowie der Angabe modaler und kausaler Beziehungen.

2.5.1. Einteilung der Adverbien

2.5.1.1. Einteilung nach morphologischen Kriterien

In morphologischer Hinsicht unterscheidet man einfache Adverbien *(dort, hier, bald, wo)*, (aus unterschiedlichen Wortarten) zusammengesetzte Adverbien *(damit, nebenan, deswegen, seitdem)* und (mit Hilfe unterschiedlicher Suffixe) abgeleitete Adverbien *(morgens, zweitens, beizeiten, kürzlich, blindlings, lange)* sowie der Form nach mit dem Adjektiv übereinstimmende Adverbien („Adjektiv-Adverbien" wie z. B. *fleißig, tüchtig, gut;* ↑ 2.4.1.2., 1., Bsp. (3)). Diese Adjektiv-Adverbien werden in den Grammatiken – abhängig von unterschiedlichen Kriterien für die Wortarteinteilung (↑ 2.1.3., 2.) – unterschiedlich eingeordnet, teils zu den Adjektiven gerechnet (weil sie sich im Deutschen morphologisch und oberflächensyntaktisch nicht von ihnen unterscheiden), teils den Adverbien zugeordnet (weil sie sich tiefensyntaktisch und durch ihre semantischen Beziehungen von den Adjektiven unterscheiden).

Die Adjektiv-Adverbien werden wie die Adjektive gesteigert (↑ 2.4.3.) *(Er arbeitet tüchtig/tüchtiger/am tüchtigsten)*. Die anderen Adverbien sind nur sehr beschränkt komparierbar, zumeist mit Hilfe verschiedener Wortstämme *(bald – eher – am ehesten; oft – öfter – am häufigsten, gern – lieber – am liebsten)*.

2.5.1.2. Einteilung nach syntaktischen Kriterien

Adverbien können die syntaktische Funktion der Adverbialbestimmung, des Prädikativs und des Attributs ausüben:

(1) Der Mann arbeitet **dort.** (adverbial)
(2) Der Mann ist **dort.** (prädikativ)
(3) Der Mann **dort** arbeitet den ganzen Tag. (attributiv)

Nach den Möglichkeiten des adverbialen, prädikativen und attributiven Gebrauchs kann man folgende Gruppen der Adverbien unterscheiden:

- adverbial, prädikativ und attributiv gebrauchte Adverbien *(dort, hier, da, heute, draußen)*
- adverbial und attributiv gebrauchte Adverbien *(dorthin, hierher, hinauf)*
- adverbial und prädikativ gebrauchte Adverbien *(anders, ebenso, so)*
- nur adverbial gebrauchte Adverbien *(dann, endlich, gern, bald, oft)*

2.5.1.3. Einteilung nach semantischen Kriterien

Unter semantischem Aspekt werden zunächst die vier Großklassen der Lokaladverbien, der Temporaladverbien, der Modaladverbien und der Kausaladverbien unterschieden, die jeweils weiter untergliedert werden können:

- Die *Lokaladverbien* drücken entweder den Ort (die Ruhelage) *(hier, da, dort, draußen, links, oben, wo, vorn)* oder die Richtung aus, im letzten Falle entweder den Ausgangspunkt einer Bewegung *(daher, dorther, irgendwoher, woher)* oder das Ziel (den Endpunkt) einer Bewegung *(hierhin, dorthin, seitwärts, bergauf, irgendwohin, wohin)*.

- Die *Temporaladverbien* bezeichnen den Zeitpunkt (bzw. Zeitabschnitt) *(anfangs, bald, damals, dann, neulich, vorerst, gestern, jetzt, wann)*, die Zeitdauer *(bislang, immer, lange, nie, stets)*, die Wiederholung *(häufig, jedesmal, manchmal, oft, täglich, dienstags, dreimal)* und die relative Zeit, d. h. die Zeit, die sich auf einen anderen Zeitpunkt bezieht *(inzwischen, nachher, seitdem, vorher, unterdessen)*.

- Die *Modaladverbien* bezeichnen Art und Weise (Qualität) *(anders, blindlings, gern;* die Adjektiv-Adverbien), Grad und Maß (Quantität und Intensität) *(ei-*

nigermaßen, größtenteils, teilweise), Instrument und Mittel (Pronominaladverbien wie *dadurch, damit, hiermit, womit)*, die kopulative Erweiterung *(auch, ebenfalls, weiterhin;* Einteilungszahlen wie *erstens, zweitens)* sowie restriktive, spezifizierende und adversative Verhältnisse *(allerdings, dagegen, insofern, niemals, zumindest)*.

- Die *Kausaladverbien* bezeichnen den Grund (kausales Verhältnis im engeren Sinne) *(daher, deshalb, somit, warum, weswegen)*, die Bedingung (konditionales Verhältnis) *(dann, sonst, anderenfalls, nötigenfalls)*, den nicht zureichenden Grund (konzessives Verhältnis) *(dennoch, dessenungeachtet, gleichwohl, trotzdem)*, die Folge (konsekutives Verhältnis) *(so)* und den Zweck (finales Verhältnis) *(dazu, hierfür, wozu)*.

2.5.2. Besondere Gruppen der Adverbien

2.5.2.1. Pronominaladverbien

Unter Pronominaladverbien werden Verbindungen der Adverbien *da, hier* und *wo* mit (vorwiegend lokalen) Präpositionen verstanden *(darauf – hierauf; daran – hieran – woran; dabei – hierbei – wobei; danach – hiernach – wonach)*. Sie stehen für bestimmte Präpositionalgruppen (Verbindungen von Präposition + Substantiv oder Präposition + Pronomen), die ihrerseits die Funktion eines Objekts oder einer Adverbialbestimmung haben können:

(1) Er erinnert sich **an das Buch.** (Objekt)
→ Er erinnert sich **daran.**
(2) Er legte den Bleistift **auf das Buch.** (Adverbialbestimmung)
→ Er legte den Bleistift **darauf.**

In den Grammatiken werden diese Pronominaladverbien unterschiedlich zugeordnet, teils zu den Pronomina gerechnet (weil sie *für* Nomina stehen), teils als Adverbien aufgefaßt (weil sie ähnliche Funktionen wie die Adverbien haben und – im Unterschied zu den Pronomina – nicht deklinierbar sind). Auf alle Fälle sind sie Prowörter für Substantive und – soweit sie die Funktion einer Adverbialbestimmung haben – (vgl. Bsp. (2)) auch Pro-Adverbien (↑ 2.5.2.2.). Der Gebrauch von Pronominaladverbien als Prowörter anstelle von Personal-, Demonstrativ-, Interrogativ- und Relativpronomina für Substantive ist jedoch nicht unbeschränkt, sondern in der Regel nur dann möglich, wenn die betreffenden Substantive Nicht-Lebewesen bezeichnen:

(3) Erinnerst du dich **an den Freund**?
→ Ich erinnere mich **an ihn.**
↛ Ich erinnere mich **daran.**

(4) Erinnerst du dich **an den Film**?
→ Ich erinnere mich **an ihn.**
→ Ich erinnere mich **daran.**
(5) **Woran** erinnerst du dich?
↛ Ich erinnere mich **an den Freund.**
→ Ich erinnere mich **an den Film.**
(6) **An wen** erinnerst du dich?
→ Ich erinnere mich **an den Freund.**
↛ Ich erinnere mich **an den Film.**

2.5.2.2. Pro-Adverbien

Nach der semantischen Autonomie im Kommunikationsprozeß werden unterschieden

- autonome Adverbien, d. h. Adverbien, die in ihrer Bedeutung relativ autonom sind, deren Bedeutung sich nicht erst aus einem vorerwähnten Kontext oder aus der gegebenen Situation ergibt *(gern, bald, oft, nirgends, selten)*
- Pro-Adverbien, d. h. Adverbien, die in ihrer Bedeutung nicht autonom sind, deren Bedeutung sich vielmehr aus einem vorerwähnten Kontext oder aus der gegebenen Situation ergibt *(danach, dabei, dort, dann, trotzdem, deshalb).*

Sowohl bei den autonomen Adverbien als auch bei den Pro-Adverbien finden wir die verschiedenen semantischen Subklassen (der lokalen, temporalen, modalen und kausalen Adverbien).

Zu den Pro-Adverbien gehören (vgl. HELBIG 1983, 125ff.)

- die Pronominaladverbien in adverbialer Funktion (↑ 2.5.2.1.)
- die Konjunktionaladverbien (↑ 2.5.2.3.)
- die Interrogativadverbien (↑ 2.5.2.4.)
- einige Adverbien, die nicht Pronominaladverbien, Konjunktionaladverbien oder Interrogativadverbien sind (z. B. *da, damals, dann, dort, dorther, hier, nachher, vorher).*

Die Pro-Adverbien ihrerseits ordnen sich ein in die noch umfassendere Klasse der Prowörter, zu denen Wörter aus unterschiedlichen Wortklassen gehören (vgl. HELBIG/BUSCHA ^{8}1984, 347ff.). Der Prowortcharakter (oder die Pronominalität) ist somit nicht beschränkt auf die herkömmliche Klasse der Pronomina (↑ 2.7.), obwohl er sich dort am deutlichsten ausprägt. Neben den Pronomina und den Pro-Adverbien spricht man deshalb auch von bestimmten Pro-Verben *(tun, machen)*, Pro-Substantiven *(der Mann, Mensch)* und Pro-Adjektiven *(die damalige Zeit)*. Gemeinsam ist allen Prowörtern, daß sie syntaktisch für vollständigere Formen stehen können (deren Substitute sind), daß sie semantisch mit vollständigeren Formen referenzidentisch sind (sich auf die gleichen Sachverhalte der außersprachlichen Realität beziehen), sich jedoch von diesen vollständigeren Formen durch weniger semantische Merkmale unterscheiden (also einen höheren Grad der semantischen Verallgemeinerung aufweisen), daß sie kommunikativ vorher erwähnte (oder situativ vorausgesetzte) Elemente sprachlich wiederaufnehmen (und zwar diejenigen Elemente, für die sie Substitute sind und mit denen sie referenzidentisch sind). Trotz dieser Gemeinsamkeiten gibt es beträchtliche Unterschiede zwischen den Prowörtern untereinander, die sich u. a. ergeben aus dem unterschiedlichen Bestand an semantischen Merkmalen und dem damit verbundenen Grad der Verallgemeinerung der Bedeutung:

(1) **Neben dem Haus** steht die Garage.
(2) **Neben ihm** steht die Garage.
(3) **Daneben** steht die Garage.
(4) **Dort** steht die Garage.

Die vollständige Form in (1) hat den geringsten Grad der Verallgemeinerung (und damit den größten Informationsgehalt). Bei (2) bis (4) handelt es sich um Prowörter verschiedener Art und verschiedenen Grades: das Pronomen in (2) lokalisiert den Gegenstand noch am genauesten, das Pronominaladverb in (3) schon weniger genau, das Pro-Adverb in (4) am wenigsten genau (die Menge der in den Prowörtern enthaltenen semantischen Merkmale nimmt ab, der Verallgemeinerungsgrad wird größer, der Informationsgehalt geringer).

2.5.2.3. Konjunktionaladverbien

Konjunktionaladverbien *(deshalb, daher, trotzdem, folglich, insofern, deswegen, demnach, sonst, außerdem)* sind Wörter, die die Stelle vor dem finiten Verb im deutschen Hauptsatz (Aussagesatz) allein einnehmen können, also – wie die Adverbien generell – selbständige Satzglieder sind, die aber auch innerhalb des Satzes stehen können. Wenn sie am Satzanfang stehen, üben sie eine ähnliche Funktion wie die koordinierenden Konjunktionen (↑ 2.9.1.) aus – weshalb sie in manchen Grammatiken auch zu den Konjunktionen gerechnet werden (zu Unrecht, weil die koordinierenden Konjunktionen keinen Satzgliedcharakter haben, deshalb die Stelle vor dem finiten Verb im Hauptsatz nicht allein besetzen und auch nicht innerhalb des Satzes stehen können):

(1) Er war krank, **deshalb** kam er nicht zur Arbeit. (Konjunktionaladverb)
(2) Er war krank, er kam **deshalb** nicht zur Arbeit. (Konjunktionaladverb)
(3) Er kam nicht zur Arbeit, **denn** er war krank. (Konjunktion)

Die Konjunktionaladverbien gehören zu den Pro-Adverbien (↑ 2.5.2.2.), da sich ihre Bedeutung erst aus einem vorerwähnten Kontext (oder aus der gegebenen Situation) ergibt.

2.5.2.4. Interrogativadverbien

Interrogativadverbien sind Frageadverbien *(wo, wann, wie, warum, wieviel, weshalb)*, die die gleiche Position am Anfang des Satzes einnehmen wie die anderen Adverbien:

(1) **Dort** arbeitet er.
(2) **Wo** arbeitet er?

Sie unterscheiden sich von den übrigen (nicht interrogativen) Adverbien dadurch, daß sie notwendig am Satzanfang (niemals im Satzinneren) stehen und die Satzart des Fragesatzes (Ergänzungsfrage) (↑ 3.7.2.2.) signalisieren. Sie sind – wie die übrigen Adverbien – Satzglieder (Adverbialbestimmungen von verschiedenen semantischen Klassen) und lassen sich auch in die semantischen Klassen der Adverbien einordnen (↑ 2.5.1.3.). Sie sind Pro-Adverbien (↑ 2.5.2.2.), beziehen sich allerdings nicht auf den vorerwähnten Kontext, sondern fragen nach bestimmten Sachverhaltskomponenten *(für* die sie stehen, auf die sie kontextuell vorausweisen).

2.6. Der Artikel

Die Artikel sind deklinierbar und gehören zum Bereich der Substantive. Sie stehen immer vor den Substantiven (zwischen Artikel und Substantiv stehen gegebenenfalls adjektivische Attribute):

(1) **der** (fleißige) Schüler – **dem** (fleißigen) Schüler
(2) **ein** (fleißiger) Schüler – **einem** (fleißigen) Schüler

Die Artikel haben Anteil an der Anzeige von Genus, Numerus und Kasus der Substantive (↑ 2.3.3.), sie kongruieren mit dem zugehörenden Substantiv (und einem dazwischenstehenden Adjektiv) in Genus, Numerus und Kasus (↑ 2.4.2.). Zu den Deklinationsformen des bestimmten Artikels vgl. 2.3.2.1., 2.3.2.2., 2.4.2.2., des unbestimmten Artikels vgl. 2.4.2.3.

2.6.1. Artikel und andere Artikelwörter

Zum Artikel (im engeren Sinne) gehört der bestimmte Artikel *(der, die, das)*, der unbestimmte Artikel *(ein, eine, ein)* und der Nullartikel (Artikellosigkeit). Zu den Artikelwörtern (Artikel im weiteren Sinne) werden neuerdings (vgl. Vater 1963) auch gerechnet

- die herkömmlichen adjektivischen Demonstrativpronomina *(dieser, jener, dér, derjenige, derselbe, dieser/jener selbe, ein solcher, solch ein)*
- die herkömmlichen adjektivischen Possessivpronomina *(mein, dein, sein ..., dessen, deren, wessen)*
- die herkömmlichen adjektivischen Interrogativpronomina *(welcher, welch ein)*
- die herkömmlichen adjektivischen Indefinitpronomina bzw. Indefinitnumeralia *(jeder, jedweder, mancher, aller, einiger, etlicher, mehrere, irgendwelche, kein, irgendein)*.

Diese Klassen der Pronomina (↑ 2.7.1., 4.) werden deshalb als Artikelwörter verstanden, weil sie – wie die Artikel im engeren Sinne – auch immer vor dem Substantiv stehen (also dieselbe Position im Satz haben wie diese), weil sie niemals mit einem anderen Artikel oder Artikelwort koordinativ verbunden werden können *(Der Freund spricht. Mein Freund spricht. *Der mein Freund spricht. *Mein der Freund spricht.)*, weil sie ihre Position im Satz niemals allein, sondern immer nur zusammen mit dem zugehörigen Substantiv ändern können, weil sie Genus-, Numerus- und Kasusanzeiger der Substantive sind und mit dem zugehörigen Substantiv (und einem dazwischenstehenden Adjektiv) in Genus, Numerus und Kasus kongruieren:

(3) dieser (fleißige) Schüler – diesem (fleißigen) Schüler – diesen (fleißigen) Schülern

2.6.2. Gebrauch des Artikels

Während die Wahl zwischen *der, die* und *das* (und parallel zwischen *ein, eine, ein)* vom Genus des dazugehörigen Substantivs abhängig ist (der Artikel ist nur ein Genusanzeiger), ist die Wahl zwischen *der (die, das), ein (eine)* und Nullartikel von mehreren Faktoren abhängig (vgl. GRIMM 1986; GRIMM 1987):

- von außersprachlichen Zusammenhängen (semantisch)
- von Zusammenhängen des Textes, in die eine bestimmte Äußerung eingebettet ist (kommunikativ), z. B. davon, ob etwas ersterwähnt oder wiederaufgenommen wird
- von Bedeutungsverhältnissen im Satz (bzw. auch im größeren Text) (semantisch), z. B. davon, ob der betreffende Gegenstand identifiziert, nicht identifiziert oder generalisiert wird)
- von grammatischen Konstruktionen (z. B. bei der Attribuierung oder im Funktionsverbgefüge ↑ 2.2.4.2.)
- von lexikalisierten oder phraseologisierten Verwendungen (Konventionalisierungen).

Deshalb spricht man auch von kommunikativ motiviertem, semantisch motiviertem, grammatisch motiviertem und konventionalisiertem Artikelgebrauch. Diese verschiedenen Arten von Faktoren bilden ein kompliziertes Regelwerk für die einzelnen Arten des Artikels.

2.6.3. Der bestimmte Artikel

1. Abhängig von der außersprachlichen Situation steht der bestimmte Artikel vor Substantiven, die einen Gegenstand bezeichnen, der in der Welt nur einmal existiert (z. B. geographische und andere Eigennamen) oder durch seine objektive Beziehung zu einem anderen Gegenstand das Merkmal der Einmaligkeit erhält (Unika wie z. B. singuläre Körperteile oder Teile von Gegenständen, auch geographische oder administrative Begriffe – etwa: *Paris ist die Hauptstadt Frankreichs. Sie wäscht sich das Gesicht. Die Regierung Österreichs sitzt in Wien.),* oder einen Gegenstand, der in der konkreten Kommunikationssituation eindeutig identifiziert werden kann, sei es, weil er nur einmal vorhanden ist *(Gib mir den Hammer!),* räumlich/zeitlich konkret situiert ist *(Wir haben uns in der Schillerstraße getroffen.)* oder auf Grund gemeinsamen Vorwissens eindeutig ist *(Wie war die Reise?).*

2. Abhängig vom sprachlichen Text steht der bestimmte Artikel vor Substantiven, die einen Gegenstand bezeichnen, der im vorangegangenen Kontext schon einmal erwähnt worden ist (also bereits identifiziert ist):

(1) Gestern geschah ein Unfall. **Der** Unfall ereignete sich vor dem Bahnhof.

3. Abhängig von Bedeutungsverhältnissen im Satz (Text) steht der bestimmte Artikel vor Substantiven, die identifiziert sind oder werden auf Grund ihrer lexikalischen Bedeutung (z. B. absolute Unika: *Die Erde dreht sich um die Sonne.),* ihrer aktuellen Bedeutung in der konkreten Äußerung (relationale, lokal-temporal situierte oder präinformative Unika: *Monika wäscht sich das Gesicht. Am Montag hat sich ein schwerer Unfall ereignet.).* Er steht auch bei generalisierten Äußerungen distributiver Art (Substantiv bezeichnet Gesamtheit und zugleich jedes Exemplar der Gesamtheit: *Die Tanne ist ein Nadelbaum.)* und typisierender Art (Substantiv bezeichnet Gesamtheit, aber nicht alle einzelnen Exemplare: *Bell hat das Telefon erfunden.),* ebenso bei nicht-generalisierenden, aber typisierenden Äußerungen *(Peter geht gern ins Kino.).*

4. Grammatisch determiniert ist der Gebrauch des bestimmten Artikels, wenn er ein Signal zur Verdeutlichung grammatischer Merkmale des Substantivs ist (z. B. zur Verdeutlichung der Wortart – *Er hat mir das Du angeboten. Er hat das Rennen satt* –, des Genus – *der Band, das Band* –, des Numerus – *der Bergsteiger, die Bergsteiger* –, des Kasus – *Hans schätzt den Peter).* Das betrifft

auch solche Fälle, in denen ein Substantiv durch ein Attribut eindeutig identifiziert wird *(Sie erinnert sich gern an die schönen Abende mit ihm.)*, und zahlreiche Funktionsverbgefüge (↑ 2.2.4.2.) *(Sie haben diese Frage zur Diskussion gestellt.)*.

5. Lexikalisiert kommt der bestimmte Artikel vor bei einer Reihe von Eigennamen (in Übereinstimmung mit ihrer Unikalität) *(Er spielt den Faust ausgezeichnet.)* und in vielen Phraseologismen *(Er lebt wie der Herrgott in Frankreich. Er spielt mit dem Feuer.)*.

2.6.4. Der unbestimmte Artikel

1. Abhängig von der außersprachlichen Situation steht der unbestimmte Artikel vor Substantiven im Singular, die einen einzelnen von mehreren möglichen Gegenständen bezeichnen, ohne daß dieser eindeutig identifiziert werden kann oder soll *(Ist hier ein Telefon?)*.

2. Abhängig vom sprachlichen Text steht der unbestimmte Artikel vor Substantiven im Singular, die einen einzelnen Gegenstand bezeichnen, der neu in einen Text eingeführt wird und nicht durch Unikalität oder Attribuierung identifiziert ist (↑ 2.6.3., 2. Bsp. (1)).

3. Abhängig von den Bedeutungsverhältnissen im Satz (Text) steht der unbestimmte Artikel vor Substantiven im Singular, die einen einzelnen von mehreren möglichen Gegenständen bezeichnen, ohne daß dieser eindeutig identifiziert werden kann oder soll *(Wir brauchen einen Hammer.)*. Er steht auch bei Generalisierung distributiver Art *(Eine Tanne ist ein Nadelbaum.)* – in diesem Falle ist Austausch mit bestimmtem Artikel möglich (↑ 2.6.3., 3.) – und exemplarischer Art (Substantiv setzt Einzelgegenstand beispielhaft für die Gesamtheit: *Ein gutes Hotel kostet viel Geld.)* sowie bei Klassifizierungen (Bezeichnung einer Klasse, in die ein Gegenstand eingeordnet wird: *Dieses Wort ist ein Verb.)*.

4. Grammatisch determiniert ist der Gebrauch des unbestimmten Artikels bei Substantiven, die durch ein Attribut (oder Nebensatz) als nicht-identifiziert charakterisiert werden *(Sie haben einen größeren Garten.)*, und in einer Reihe von Funktionsverbgefügen (↑ 2.2.4.2.) *(Die Fahrt hat einen tragischen Ausgang gefunden.)*.

5. Lexikalisiert kommt der unbestimmte Artikel vor bei einer Reihe von Eigennamen *(Er will sich einen Duden kaufen.)* und in vielen Phraseologismen *(Er macht aus der Mücke einen Elefanten.)*.

2.6.5. Der Nullartikel

1. Abhängig von der außersprachlichen Situation steht der Nullartikel vor Substantiven im Plural (als Ersatz für das Fehlen des unbestimmten Artikels im Plural), wenn eine unbestimmte Teilmenge aller durch diese Substantive benennbaren Gegenstände bezeichnet werden soll (also: vor nicht-identifizierten Substantiven) *(Er schenkt ihr Bücher.)*, sowie vor solchen Substantiven im Singular, die Stoffbezeichnungen (den Stoff allgemein oder eine unbestimmte Teilmenge des Stoffes bezeichnen) *(Er trinkt gern Bier.)* oder Abstrakta sind *(Der Patient braucht Ruhe.)*.

2. Abhängig vom sprachlichen Text steht der Nullartikel vor Substantiven im Plural (als Ersatz für den nicht vorhandenen unbestimmten Artikel im Plural), die eine unbestimmte Teilmenge von Gegenständen bezeichnen, die neu in den Text eingeführt werden *(Es kam gestern zu schweren Unfällen. Die Unfälle ereigneten sich, als …)*, daneben auch in bestimmten Textsorten bei Substantiven im Singular und Plural, die in anderen Textsorten mit bestimmtem und unbestimmtem Artikel gebraucht werden (z. B. in Telegrammen: *Referent erkrankt.)*.

3. Abhängig von den Bedeutungsverhältnissen im Satz (Text) steht der Nullartikel vor Substantiven im Plural (als Ersatz für den nicht vorhandenen unbestimmten Artikel im Plural), wenn eine unbestimmte Teilmenge aller durch diese Substantive benennbaren Gegenstände bezeichnet werden soll *(Er schenkt zum Geburtstag Bücher.)*, vor Substantiven im Singular, wenn sie allgemeine Stoffbezeichnungen *(Er trinkt gern Bier.)* oder Abstrakta *(Der Patient braucht Ruhe.)* sind, ebenso vor generalisierenden Äußerungen distributiver Art *(Tannen sind Nadelbäume.)* – in diesem Falle ist Austausch mit bestimmtem und unbestimmtem Artikel möglich (↑ 2.6.3., 3.; 2.6.4., 3.) – und exemplarischer Art *(Gute Hotels kosten viel Geld.)* sowie bei Klassifizierungen (Bezeichnung einer Klasse, in die Gegenstände eingeordnet werden: *Diese Wörter sind Verben.)*.

4. Grammatisch determiniert ist der Gebrauch des Nullartikels, wenn er im Plural statt des unter denselben Bedingungen im Singular stehenden unbestimmten Artikels steht *(Sie haben große Gärten.)*, darüber hinaus auch in anderen Konstruktionen, z. B. bei Koordination *(Er kann weder Arme noch Beine bewegen.)*, im Zusammenhang mit nicht-identifizierenden Adjektiven *(Bilden Sie ähnliche Beispiele!)*, in zahlreichen Funktionsverbgefügen (↑ 2.2.4.2.) *(Er hat an dieser Arbeit Kritik geübt.)* und in einigen Prädikativkonstruktionen *(Diese Wörter sind Substantive. Er ist in Eile.)*.

5. Lexikalisiert kommt der Nullartikel vor bei einer Reihe von Eigennamen (trotz ihrer Unikalität) *(Er fliegt nach Ägypten.)*, in bestimmten Präpositionalgruppen *(Die Matrosen gehen an Bord. Er geht zeitig zu Bett. Sie sind gerade bei Tisch.)* und in zahlreichen Phraseologismen *(Er lebt auf großem Fuß. Mit Speck fängt man Mäuse.)*.

2.7. Das Pronomen

2.7.1. Merkmale und Funktionen der Pronomina

1. Auch die Pronomina gehören zum Bereich der Substantive: Sie stehen *für* Substantive (*pro* für + *nomen* Name), treten als deren „Stellvertreter" oder als deren „Begleiter" auf:

(1) Dort kommt unser Lehrer. **Er** unterrichtet Physik. (Stellvertreter)
(2) Dort kommt unser Lehrer. **Sein** Unterricht (= Der Unterricht des Lehrers) ist sehr gut. (Begleiter)

Morphologisch sind die Pronomina (im Unterschied zu den Adverbien, aber wie die Substantive, Adjektive und Artikel) deklinierbar, (im Unterschied zu den Adjektiven, aber wie die Substantive und Artikel) nicht komparierbar und (im Unterschied zu den Substantiven) nicht artikelfähig und auch nicht durch Adjektive attribuierbar. Ihre Deklinationsparadigmen sind in den einzelnen Subklassen (↑ 2.7.2.) jedoch unterschiedlich ausgebaut.

2. Die Gemeinsamkeit aller Pronomina besteht darin, daß sie nicht über eine ausgeprägte lexikalische Eigenbedeutung verfügen (wie die Autosemantika), sondern als Funktionswörter und Synsemantika nur eine (semantische) Hilfsfunktion haben. Diese Hilfsfunktion äußert sich darin, daß sie nichts *benennen* (wie die Substantive, auf die sie sich – als Stellvertreter oder Begleiter – beziehen), sondern nur auf etwas indirekt *verweisen*. Nach der Art dessen, worauf sie verweisen, haben sie bestimmte allgemeine Grundbedeutungen, die sich ergeben aus unterschiedlichen semantischen oder grammatischen Merkmalen, z. B. aus:

- Personenbezogenheit (*ich, du, jemand, niemand, wer)*
- Sachbezogenheit (*etwas, nichts, was)*
- Genus-/Sexusbezogenheit (*er, sie, es; sein, ihr; der, die, das)*
- Bezogenheit auf Kommunikationsakt (*ich, du; wir, ihr)*
- Fragebezogenheit (*wer, was, welcher)*
- Negationsbezogenheit (*niemand, nichts, keiner)*
- Pertinenzrelation (*mein, dein, dessen, wessen)*
- Zahlbezogenheit (*einige, mehrere, alle)*

Auf Grund dieser Merkmale werden die Pronomina in herkömmlicher Weise in verschiedene Subklassen eingeteilt (↑ 2.7.2.).

3. Unabhängig von diesen Subklassen besteht die eigentliche Funktion der Pronomina (die Gemeinsamkeit aller Subklassen) in ihrer textuellen Funktion, d. h. darin, daß sie für Substantive eintreten (die sie entweder vertreten oder begleiten), daß sie Prowörter für Substantive sind (↑ 2.5.2.2.).

4. Hinsichtlich ihrer syntaktischen Funktion gliedern sich die Pronomina in zwei Gruppen (so daß ihr Charakter als einheitliche Wortklasse unter syntaktischem Aspekt in Frage gestellt werden kann; ↑ 2.1.3., 5.):

- „substantivische" Pronomina, d. h. Pronomina, die die Stelle von Substantiven einnehmen, Stellvertreter für Substantive sind und deshalb manchmal auch zu den „Substantivwörtern" gerechnet werden (vgl. HELBIG/BUSCHA [8]1984, 231ff.): Personal-, Interrogativ-, Demonstrativ-, Indefinit-, Possessiv-, Relativ-, Reflexivpronomen;
- „adjektivische" Pronomina, d. h. Pronomina, die – wie Adjektive – die Substantive begleiten und vor ihnen stehen, die (da sie im Grunde nicht die Position von Adjektiven, sondern die von Artikeln haben, auch wenn sie sich durch ihren Prowort-Charakter von diesen unterscheiden) manchmal auch als Artikelwörter bezeichnet werden (↑ 2.6.1.): Demonstrativ-, Possessiv-, Interrogativ-, Indefinitpronomen.

Einige Pronomina dienen auch der syntaktischen Verknüpfung, ohne Fügewörter (↑ 3.6.2.1.) zu sein: Von ihnen gehören die Relativpronomina und einige Interrogativpronomina zu den „Stellvertretern" *(Der Lehrer,* ***den*** *wir gestern gesehen haben, ist an unserer Schule. Ich weiß nicht,* ***wer*** *gekommen ist.),* andere Interrogativpronomina zu den „Begleitern" *(Er weiß nicht,* ***was für ein*** *Buch er kaufen soll.).* Eine besondere Funktion haben die relativen Possessivpronomina *(Morgen kommt mein Freund,* ***dessen*** *Buch gerade erschienen ist.),* die Artikelwörter sind und zugleich der Verknüpfung dienen.

2.7.2. Einteilung der Pronomina

2.7.2.1. Personalpronomen

Das (nur substantivisch gebrauchte) Personalpronomen läßt zwei Gruppen erkennen:

- Die Personalpronomina der 1. und 2. Person bezeichnen den/die Sprecher *(ich, wir)* und den/die Angesprochenen – als die unmittelbar an der Kommunikation beteiligten Partner –, im letzten Fall differenziert nach der Vertraulichkeitsform *(du, ihr)* und der Höflichkeitsform *(Sie).* Beim Personalpronomen der 1. und 2. Person wird nach dem Numerus, nicht aber nach dem Genus differenziert.
- Die Personalpronomina der 3. Person bezeichnen das Besprochene und beziehen sich sowohl auf Personen als auch auf Nicht-Personen. Es wird nicht nur zwischen Singular und Plural, sondern im Singular auch nach dem Genus (Maskulinum, Femininum, Neutrum) unterschieden *(er, sie, es; sie).*

Die Personalpronomina bilden ihr (voll ausgebautes) Formensystem von verschiedenen Stämmen:

	1. Pers.		2. Pers.		3. Pers.			
	Sing.	Plur.	Sing.	Plur.	Sing.			Plur.
					Mask.	Neutr.	Fem.	
Nom.	*ich*	*wir*	*du*	*ihr*	*er*	*es*	*sie*	*sie*
Akk.	*mich*	*uns*	*dich*	*euch*	*ihn*	*es*	*sie*	*sie*
Dat.	*mir*	*uns*	*dir*	*euch*	*ihm*	*ihm*	*ihr*	*ihnen*
Gen.	*meiner*	*unser*	*deiner*	*euer*	*seiner*	*seiner*	*ihrer*	*ihrer*

2.7.2.2. Demonstrativpronomen

Die Demonstrativpronomina *(der, derjenige, dieser, jener, solcher, derselbe, ersterer, letzterer)* stellen nicht nur einen allgemeinen Bezug auf das Besprochene her, sondern verbinden dies mit einem Hinweis als Zurückverweis oder Vorausverweis:

(1) Kennst du das Buch? Nein, **dieses** Buch kenne ich nicht.
(zurückverweisendes Demonstrativpronomen)
(2) Wir grüßen alle Sportler und **solche** Gäste, die es werden wollen.
(vorausweisendes Demonstrativpronomen)

Die Demonstrativpronomina kommen nicht nur im adjektivischen Gebrauch (wie in (1) und (2)), sondern auch im substantivischen Gebrauch vor:

(3) Kennst du das Buch? Nein, **dieses** kenne ich nicht.
(2) Wir grüßen alle Sportler und **solche,** die es werden wollen.

Das Demonstrativpronomen *der* unterscheidet sich von dem gleichlautenden bestimmten Artikel einerseits durch die stärkere Betonung, andererseits durch einige besondere Deklinationsformen (sogenannte „volle Formen"):

	Sing.			Plur.
	Mask.	Neutr.	Fem.	–
Nom.	*der*	*das*	*die*	*die*
Akk.	*den*	*das*	*die*	*die*
Dat.	*dem*	*dem*	*der*	***denen***
Gen.	***dessen***	***dessen***	***deren***	***deren/derer***

Das Demonstrativpronomen steht für Personen und Nicht-Personen. Bei paarweisem Gebrauch bezeichnet *dieser* räumliche oder zeitliche Nähe, *jener* räumliche oder zeitliche Ferne *(Dieser Weg führt zur Stadt, jener zum Fluß.)*, *derselbe* verweist auf Identität, *solcher* auf Qualität *(Wir fahren in derselben/einer solchen Bahn.)*.

2.7.2.3. Interrogativpronomen

Die Interrogativpronomina *(wer, was, welcher, was für ein)* erfragen unbekannte Sachverhaltskomponenten und bilden Ergänzungsfragen (↑ 3.7.2.2.); sie nehmen in der Regel die erste Stelle im Fragesatz ein.

Zwei Gruppen sind zu unterscheiden:

- *wer, was:* nur substantivisch, keine Pluralformen, im Singular Unterscheidung nach Person und Nicht-Person, nicht aber nach dem Genus;
- *was für ein, welcher:* substantivisch und adjektivisch, mit Pluralformen, im Singular Unterscheidung nach dem Genus, aber nicht nach Person und Nicht-Person.

Zur Deklination der Interrogativpronomina:

	Mask./Fem. (Person)	Neutr. (Nicht-Person)	Mask.	Neutr.	Fem.	Plur.
Nom.	*wer*	*was*	*welcher*	*welches*	*welche*	*welche*
Akk.	*wen*	*was*	*welchen*	*welches*	*welche*	*welche*
Dat.	*wem*	–	*welchem*	*welchem*	*welcher*	*welchen*
Gen.	*wessen*	*wessen*	*welches*	*welches*	*welcher*	*welcher*

Die Deklination von *was für ein* entspricht bei adjektivischer Verwendung der Deklination des unbestimmten Artikels *ein* (↑ 2.4.2.3.); bei substantivischer Verwendung erscheinen im Nom. Mask. und im Nom./Akk. Neutr. die vollen Endungen *(was für einer/was für eines)*.

2.7.2.4. Relativpronomen

Die Relativpronomina *(der, welcher, wer, was)* entsprechen formal den Demonstrativpronomina *(der)* oder den Interrogativpronomina *(welcher, wer, was)* und werden wie diese dekliniert. Sie werden nur substantivisch gebraucht. Ihre syntaktische Funktion besteht darin,

- daß sie im Attributsatz stellvertretend für Substantive im entsprechenden übergeordneten Satz stehen, auf die sie sich beziehen *(Ich habe das Buch schon gelesen,* ***das*** *er mir geliehen hat.)*

– daß sie im weiterführenden Nebensatz sich auf den Inhalt des gesamten übergeordneten Satzes beziehen *(Die Mannschaft hat das Spiel gewonnen,* ***was*** *uns sehr gefreut hat.).*

2.7.2.5. Possessivpronomen

Die Possessivpronomina *(mein, unser; dein, euer, Ihr; sein, ihr, sein; ihr)* drücken ein Besitz- oder ein allgemeines Zugehörigkeitsverhältnis zu einer Person aus. Jedem Personalpronomen entspricht ein Possessivpronomen (1., 2. und 3. Person; Sing. und Plur.; in der 2. Person Vertraulichkeits- und Höflichkeitsform). Das Possessivpronomen wird meist adjektivisch, aber zuweilen auch substantivisch verwendet und ist als solches (als einziges Pronomen) sogar artikelfähig:

(1) Er hat **meinen** Bleistift gefunden. (adjektivisch)
(2) Wessen Bleistift ist das? Das ist **meiner/der meine.** (substantivisch)

Die Possessivpronomina haben einen doppelten Bezug: Im Wortstamm *(mein-, dein- usw.)* richtet sich das Pronomen nach Person, Genus und Numerus des Besitzers, in den Flexionsendungen nach Kasus, Genus und Numerus des Besitztums:

(3) Ich brauche kein Heft. **Ich** nehme **meines.**
(4) Ich brauche keinen **Bleistift.** Ich nehme **meinen.**

Das adjektivische Possessivpronomen hat folgende Deklinationsformen:

	Sing.			Plur.
	Mask.	Neutr.	Fem.	
Nom.	*mein*	*mein*	*meine*	*meine*
Akk.	*meinen*	*mein*	*meine*	*meine*
Dat.	*meinem*	*meinem*	*meiner*	*meinen*
Gen.	*meines*	*meines*	*meiner*	*meiner*

Das substantivische Possessivpronomen stimmt damit überein, hat lediglich im Nom. Mask. die volle Endung *-er* und im Nom./Akk. die volle Endung *-es.*

2.7.2.6. Reflexivpronomen

Das Reflexivpronomen (rückwärtsgewendete, zurückbezogene Pronomen) wird nur substantivisch verwendet und hat nur in der 3. Pers. Akk./Dat. eine eigene Form *(sich).* Für das fehlende Reflexivpronomen der 1. und 2. Person stehen die entsprechenden Personalpronomina:

(1) Er wäscht **sich.**

(2) Ich wasche **mich,** du wäschst **dich,** wir waschen **uns,** ihr wascht **euch.**

Das Reflexivpronomen steht in reflexiven Verben, in reflexiven Konstruktionen und in reflexiven Formen (↑ 2.2.4.3.).

2.7.2.7. Indefinitpronomen

Indefinitpronomina sind unbestimmte Fürwörter. Sie bilden eine umfangreiche Klasse von Pronomina, die sich morphologisch und syntaktisch recht unterschiedlich verhalten. Es gibt

- Indefinitpronomina, die substantivisch und adjektivisch verwendet werden *(alle, einige, irgendeiner/irgendwelche, jeder, keiner, mancher, mehrere, etliche)*, die zumeist ein voll ausgebautes Deklinationssystem mit Unterscheidung nach Kasus und Genus haben, bei denen lediglich einige Numerusbeschränkungen auftreten *(jeder* kommt nur im Singular, *mehrere* nur im Plural vor),
- Indefinitpronomina, die nur substantivisch gebraucht werden *((irgend)etwas, (irgend)jemand, irgendwer, man, niemand, nichts)* und über ein wenig ausgebildetes Formensystem verfügen (keine Genusunterscheidung, unvollständige Kasusformen), die aber deutlich zwischen Person *(jemand, irgendwer, man, niemand)* und Nicht-Person *(etwas, nichts)* unterscheiden.

2.7.3. Die Pronominalform *es*

Besonders schwierig ist die Pronominalform *es,* da sie unterschiedliche syntaktische Funktionen hat und ein unterschiedliches Verhalten zeigt (vgl. PÜTZ 1975; HELBIG/BUSCHA ^{8}1984, 393ff.; HELBIG in: GEDENKSCHRIFT FÜR INGERID DAL 1988).

2.7.3.1. *es* als Prowort

es als Pronomen und Prowort ersetzt ein neutrales Substantiv im Nominativ (= Subjekt) oder im Akkusativ (= Objekt), zuweilen auch andere Textsegmente (z. B. den ganzen Satz). Es ist morphologisch veränderlich und nicht an die erste Stelle im Satz gebunden, sondern kommt an erster *und* nicht-erster Stelle (wenn es Subjekt ist) bzw. nur an nicht-erster Stelle (wenn es Objekt ist) vor. Es hat bei Bezug auf Substantive Genus- und Numeruskongruenz, ist durch die Bezugselemente des Textes substituierbar und niemals eliminierbar, ist immer selbst Satzglied (Subjekt, Objekt oder Prädikativ) und trägt eine semantische Rolle:

(1) Wo liegt das Buch? **Es** liegt auf dem Tisch. (Subjekt)
(2) Wo liegt das Buch? Auf dem Tisch liegt **es.** (Subjekt)
(3) Wann bekommt er das Geld? Er bekommt **es** morgen. (Objekt)
(4) Er siegt oft im Wettkampf, aber **es** macht ihn nicht überheblich. (Bezug auf Satz)
(5) Der Vater ist Arzt, und sein Sohn wird **es** auch. (Prädikativ)
(6) Die anderen waren müde, er war **es** nicht. (Prädikativ)

2.7.3.2. *es* als Platzhalter

Das an die erste Stelle im Satz gebundene „satzeröffnende" *es* ist unveränderlich, hat weder Kasuswert noch bewirkt es Kongruenz, ist referenzlos und damit auch nicht-pronominal. Es kann nicht als Satzglied, folglich auch nicht als Subjekt interpretiert werden, sondern erfüllt nur die syntaktische Funktion eines „Platzhalters" (zur Bewahrung der Satzstruktur). Es ist syntaktisch fakultativ, an der ersten Stelle nicht substituierbar, aber bei der Permutation in das Satzinnere obligatorisch zu eliminieren:

(1) **Es** sind gestern mehrere Unfälle passiert.
(2) Gestern sind mehrere Unfälle passiert.

2.7.3.3. *es* als Korrelat

es als Korrelat bezieht sich auf einen nachfolgenden Nebensatz (bzw. eine Infinitivkonstruktion), ist morphologisch veränderlich, ist nicht an die erste Stelle gebunden, sondern kommt an erster *und* an nicht-erster Stelle (wenn es Subjekt ist) bzw. nur an nicht-erster Stelle (wenn es Objekt ist) vor. Es kann nicht auftreten (sondern wird durch *das* ersetzt), wenn Haupt- und Nebensatz umgestellt werden (d. h. der Nebensatz vor den Hauptsatz tritt). Es hat einen Kasuswert (Nominativ oder Akkusativ) und ist pronominal (es pronominalisiert den nachfolgenden Subjekt- oder Objektsatz), repräsentiert nicht selbständig, sondern zusammen mit dem pronominalisierten Nebensatz ein Satzglied (und eine semantische Rolle). Es ist nicht durch den Nebensatz substituierbar (außer bei Umstellung von Haupt- und Nebensatz), ist obligatorisch oder fakultativ:

(1a) **Es** freut mich, daß ich ihn getroffen habe. (Subjekt)
(1b) Mich freut **(es)**, daß ich ihn getroffen habe.
(1c) Daß ich ihn getroffen habe, **(das)** freut mich.

(2a) Ich bedaure **(es)**, daß ich ihn gekränkt habe. (Objekt)
(2b) ***Es** bedaure ich, daß ich ihn gekränkt habe.
(2c) Daß ich ihn gekränkt habe, **(das)** bedaure ich.

2.7.3.4. *es* als formales Subjekt oder Objekt

es als formales Subjekt bzw. Objekt ist unveränderlich und nicht an die erste Stelle gebunden, sondern kommt an erster *und* nicht-erster Stelle (wenn es Subjekt ist) bzw. nur an nicht-erster Stelle (wenn es Objekt ist) vor. Es hat keinen Kasuswert, ist nicht pronominal, wohl aber ein Satzglied (dem jedoch keine semantische Rolle entspricht). Es ist nicht ersetzbar und in der Regel auch nicht eliminierbar, aber im Satz verschiebbar (wenn es Subjekt ist):

(1)	**Es** schneit heute. Heute schneit **es**.	(Subjekt)
(2)	**Es** ist spät. Spät ist **es**.	(Subjekt)
(3)	Ich habe **es** eilig.	(Objekt)

2.8. Die Präposition

2.8.1. Präpositionen und Konjunktionen als Fügewörter

Fügewörter sind Funktionswörter, die Wörter oder Wortgruppen bzw. Gliedteile, Satzglieder oder Sätze miteinander verbinden (oder „fügen"). Innerhalb der Fügewörter müssen die beiden Wortklassen der Präpositionen und der Konjunktionen unterschieden werden. Beiden gemeinsam ist, daß sie (morphologisch) unveränderlich (d. h. unflektierbar) sind und (syntaktisch) keinen Satzgliedwert haben. Die Unterschiede zwischen ihnen bestehen in folgendem:

1. Die Präpositionen verbinden (syntaktisch) Wörter und Wortgruppen *(der Stuhl – das Fenster → der Stuhl **am** Fenster)*, die Konjunktionen verbinden Gliedteile, Satzglieder und Sätze *(Er treibt Sport – Das ist gesund → Er treibt Sport, **und** das ist gesund)*.

2. Die Präpositionen stehen (syntaktisch) innerhalb von Satzgliedern *(Er bringt seinen Sohn (in die Schule))*, die Konjunktionen stehen außerhalb von Satzgliedern *(Er geht nicht (in die Schule), aber (auf den Sportplatz))*.

3. Die Präpositionen haben (morphologisch) Kasusforderungen (Rektion) *(Er geht zum Krankenhaus/in das Krankenhaus)*, die Konjunktionen haben keine Kasusforderungen.

Insofern sind Präpositionen unflektierbare Fügewörter ohne Satzgliedwert und mit Kasusforderung, die innerhalb von Satzgliedern stehen und Wörter bzw. Wortgruppen miteinander verbinden. Einige Fügewörter (z. B. *bis, seit, während)* können sowohl als Präposition als auch als Konjunktion auftreten (wobei die genannten Unterschiede deutlich bleiben):

(1) **Während** des Essens las er. (Präposition)
(2) **Während** er aß, las er. (Konjunktion)

2.8.2. Stellung der Präpositionen

Wie der Name sagt *(prae-positio* = das Vorangestellte), stehen die Präpositionen zumeist vor dem regierten Wort. Dennoch gibt es mehrere Möglichkeiten:

1. Prästellung:
   Die meisten Präpositionen stehen *vor* dem regierten Wort, das zumeist ein Substantiv oder ein substantivisches Pronomen ist *(die Hilfe **für** seinen Freund/**für** ihn)*, das in selteneren Fällen aber auch ein Adjektiv *(Wir halten den Film **für** gut.)* oder ein Adverb *(Er geht **nach** rechts.)* sein kann.

2. Prä- und Poststellung:
   Einige Präpositionen *(entgegen, entlang, gegenüber, gemäß, nach, ungeachtet, wegen, zufolge)* können sowohl *vor* als auch *hinter* dem regierten Wort stehen, das zumeist ein Substantiv ist *(Gegenüber dem Meister/Dem Meister gegenüber saß der Direktor)*. Wenn das regierte Wort ein substantivisches Pronomen ist, ist fast nur Poststellung möglich *(Ihm gegenüber saß der Direktor.)*.

3. Poststellung:
   Zwei Präpositionen *(zuliebe, halber)* stehen *nach* dem regierten Wort, das ein Substantiv oder ein entsprechendes substantivisches Pronomen ist *(Er kam dem Vater/ihm zuliebe)*.

4. Circumstellung:
   Bei 2 Präpositionen *(um ... willen, von ... ab/aus/auf)* steht der erste Teil *vor*, der zweite Teil *nach* dem regierten Wort, das ein Substantiv ist (und bei der 2. Präposition auch ein Adverb sein kann) *(Um seines Vaters willen hat er das Geschäft übernommen. Von dort aus ist er abgefahren.)*.

2.8.3. Abhängigkeit der Präpositionen

Nach der Abhängigkeit müssen unterschieden werden

- Präpositionen in Präpositionalobjekten, die vom übergeordneten Wort regiert sind und nicht in erkennbarer Weise semantisch motiviert sind *(Er wartet auf seinen Freund.)*.
- Präpositionen in Adverbialbestimmungen, die vom übergeordneten Wort nicht regiert sind und eine deutliche Eigenbedeutung haben *(Er wartet auf/vor/neben/hinter dem Bahnhof.)*.

Im ersten Falle (bei regierten Präpositionen) werden die Präpositionen regiert vorwiegend durch Verben *(Er wartet **auf** den Freund.)*, aber auch durch Adjektive *(Das Land ist arm **an** Rohstoffen.)* und durch Substantive *(die Armut des Landes **an** Rohstoffen).*

2.8.4. Rektion der Präpositionen

Die Präpositionen regieren (fordern) einen bestimmten Kasus des von ihnen abhängigen Substantivs (oder substantivischen Pronomens). Man unterscheidet:

- Präpositionen mit einem Kasus: mit Akkusativ *(durch, für, gegen, ohne, um, wider)*, mit Dativ *(aus, bei, entgegen, entsprechend, gegenüber, gemäß, mit, nach, nebst, samt, seit, von, zu, zuliebe)*, mit Genitiv *(angesichts, anstatt, außerhalb, diesseits, beiderseits, halber, hinsichtlich, infolge, inmitten, jenseits, kraft, oberhalb, seitens, unweit, um ... willen, unterhalb, unweit)*
- Präpositionen mit zwei Kasus: Dativ und Akkusativ *(an, auf, hinter, in, neben, über, vor, unter, zwischen)*:
  (1) Wir hängen das Bild **an die Wand.**
  (2) Das Bild hängt **an der Wand.**
  Im allgemeinen wird der Dativ bei einem nicht-zielgerichteten, der Akkusativ bei einem zielgerichteten Geschehen verwendet.
- Präpositionen ohne erkennbaren Kasus, z. B. vor Adjektiven und Adverbien *(Man hält ihn für begabt. Er kommt nach vorn.)*, aber auch vor Substantiven *(Er fährt nach Dresden. Er ißt mit Genuß.).*

2.8.5. Semantische Subklassen der Präpositionen

Die nicht-regierten Präpositionen (↑ 2.8.3.) lassen sich semantisch in unterschiedliche Gruppen einteilen. Sie bezeichnen z. B.

- lokale Beziehungen *(abseits, an, außerhalb, auf, aus, bei, diesseits, durch, entlang, gegenüber, in, innerhalb, neben, über, vor, unter, zwischen)*
- temporale Beziehungen *(ab, binnen, bis, in, innerhalb, nach, seit, vor, während)*
- kausale Beziehungen *(aus, halber, anläßlich, durch, infolge, um ... willen, trotz, vor, wegen, zufolge)*
- modale Beziehungen *(als, bei, mit, ohne, samt, anstatt, unter, außer, dank, gemäß).*

Innerhalb dieser Gruppen gibt es zahlreiche Untergruppen (vgl. HELBIG/BUSCHA [8]1984, 412ff.). Die meisten Präpositionen haben mehrere Bedeutungen (Varianten), die im Wörterbuch angegeben werden müssen (vgl. SCHRÖDER 1986; 1987) und die sich auch über die angegebenen Gruppen verteilen.

2.9. DIE KONJUNKTION

2.9.1. Syntaktische Eigenschaften der Konjunktionen

Konjunktionen sind unflektierbare Fügewörter ohne Satzgliedwert und ohne Kasusforderung, die außerhalb von Satzgliedern stehen und Gliedteile, Satzglieder und Sätze miteinander verbinden (↑ 2.8.1.).

Nach ihrer syntaktischen Funktion und ihrem Einfluß auf die Stellung des finiten Verbs in dem von einer Konjunktion eingeleiteten Satz werden 2 Gruppen von Konjunktionen unterschieden:

- koordinierende Konjunktionen, die Hauptsätze, Nebensätze gleichen Grades oder Satzglieder (oder Gliedteile) miteinander verbinden:
  (1) Wir gehen fort, **und** ihr bleibt zu Hause.
  (2) Er weiß, daß er ihr geholfen hat **und** daß sie gut vorbereitet ist.
  (3) Hans **und** Monika haben die Prüfung bestanden.

- subordinierende Konjunktionen (Subjunktionen), die Haupt- und Nebensätze oder Nebensätze verschiedenen Grades miteinander verbinden:
  (4) Er sah, **daß** das Mädchen weinte, **weil** es gestürzt war.
  (Hauptsatz) (Nebensatz 1. Grades) (Nebensatz 2. Grades)

Manchmal werden zu den Konjunktionen auch die Konjunktionaladverbien (als „unechte Konjunktionen" (↑ 2.5.2.3.) gerechnet, weil sie ähnliche Verknüpfungsfunktionen wie die „echten" koordinierenden Konjunktionen ausüben. Sie haben jedoch – im Unterschied zu den koordinierenden Konjunktionen – Satzgliedwert, können die Stelle vor dem finiten Verb im deutschen Aussagesatz (Hauptsatz) allein einnehmen und auch innerhalb des Satzes stehen.

Die Konjunktionen haben eine feste Stellung im Satz:

- Die koordinierenden Konjunktionen (die zumeist einteilig sind: *und, aber, oder, denn, sondern)* stehen zwischen den Sätzen bzw. den Satzgliedern, die sie verbinden (vgl. Bsp. (1), (2) und (3)). Wenn sie Hauptsätze miteinander verbinden (vgl. Bsp. (1)), steht das finite Verb des 2. Hauptsatzes hinter ihnen und dem 1. Satzglied (im Gegensatz zu den Konjunktionaladverbien, hinter denen unmittelbar das finite Verb steht: *Wir gehen fort, deshalb* ***bleibt*** *ihr zu Hause.).*

- Wenn sie Nebensätze gleichen Grades verbinden, können die Subjunktionen (bei identischem Subjekt sogar zusammen mit dem Subjekt) weggelassen werden *(Er weiß, daß sie gut vorbereitet war und (daß sie) keine Angst vor der Prüfung hatte.).* Bei den wenigen zweiteiligen koordinierenden Konjunktionen *(entweder ... oder; sondern ... auch)* stehen die beiden Teile jeweils vor den zu verbindenden Sätzen (Satzgliedern, Gliedteilen).
- Die subordinierenden Konjunktionen (zumeist einteilig: *daß, weil, bevor, nachdem ...)* leiten Nebensätze (↑ 3.6.2.1.) ein, betten den von ihnen eingeleiteten Nebensatz in einen übergeordneten Satz ein (vgl. Bsp. (4)) (der entweder Hauptsatz oder Nebensatz sein kann) und bilden mit dem am Ende des von ihnen eingeleiteten Nebensatzes stehenden finiten Verb einen Rahmen (↑ 3.3.1.1.). Bei den wenigen zweiteiligen subordinierenden Konjunktionen *(je ... desto, wenn auch ... so doch)* steht der 1. Teil am Beginn des Nebensatzes, der 2. Teil am Beginn des Hauptsatzes.

2.9.2. Semantische Funktion der Konjunktionen

Die Konjunktionen tragen (über ihre syntaktische Verknüpfungsfunktion hinaus) dazu bei, die durch sie verbundenen Teile (Konjunkte) in ein bestimmtes semantisches Verhältnis zueinander zu setzen. Die semantische Verknüpfung ist jedoch keine einfache Funktion der Konjunktionen (weil das semantische Verhältnis oft auch ohne das Auftreten einer Konjunktion besteht) und auch keine einfache Funktion der Konjunktbedeutung (weil die Verknüpfung derselben Konjunkte teilweise mit unterschiedlichen Konjunktionen möglich ist, die dann ein unterschiedliches semantisches Verhältnis signalisieren). Vielmehr entsteht die semantische Koordination im Resultat des Zusammenwirkens der semantischen Bedeutungen der Konjunkte und der Bedeutungen der Konjunktionen (vgl. Lang 1977).

2.9.3. Semantische Subklassen der Konjunktionen

Nach der Art des semantischen Verhältnisses zwischen den Teilsätzen werden verschiedene Subklassen von Konjunktionen unterschieden, z. B.

- kopulative Konjunktionen *(und, sowie, sowohl ... als auch, nicht nur ... sondern auch, weder ... noch)*
- disjunktive Konjunktionen *(oder, entweder ... oder)*

– adversative Konjunktionen *(aber, doch, jedoch, sondern, während)*
– temporale Konjunktionen *(als, während, seit(dem), solange, ehe, bevor, nachdem, bis, wenn* u. a.*)*
– kausale Konjunktionen *(denn, da, weil, obwohl, damit,* u. a.*)*
– modale Konjunktionen *(indem, dadurch daß, als, wie, ohne daß* usw.*)*.

Innerhalb dieser Gruppen gibt es zahlreiche Untergruppen (vgl. HELBIG/BUSCHA [8]1984, 451ff.). Manche Konjunktionen *(wenn, während, ohne daß)* haben mehrere Bedeutungen (Varianten), die im Wörterbuch angegeben werden müssen (vgl. BUSCHA 1989) und die sich auch über die angegebenen Gruppen verteilen. Untergruppen ergeben sich z. B. bei den temporalen Konjunktionen je nachdem, ob sie Gleichzeitigkeit (z. B. *als, seit(dem), sobald, solange, während, wenn)*, Nachzeitigkeit *(als, bevor, bis, ehe)* oder Vorzeitigkeit (z. B. *als, nachdem, sobald, sooft, wenn)* bezeichnen, bei den kausalen Konjunktionen je nachdem, ob sie einen Grund im engeren Sinne *(denn, weil, da, zumal)*, eine Bedingung *(wenn, falls)*, eine unzureichende Bedingung *(obwohl, wenn auch, trotzdem)*, eine Folge *(so daß, daß)*, eine negative Folge *(ohne daß)* oder einem Zweck *(damit, daß)* bezeichnen, bei den modalen Konjunktionen je nachdem, ob sie die Art und Weise bzw. das Instrument *(indem, dadurch daß)*, einen Vergleich *(als, wie, als ob, als wenn, wie wenn)*, eine Restriktion *(außer daß, außer wenn, nur daß, soweit, soviel)*, eine Proportionalität *(je, je nachdem, je … desto)*, eine Spezifizierung *(insofern, insoweit)*, einen fehlenden Begleitumstand *(ohne daß)* oder eine Substitution *(statt daß)* bezeichnen. Diese Untergruppen lassen erkennen, daß die Konjunktionen nicht nur Signale für die semantischen Subklassen der Adverbialsätze sind (↑ 3.6.2.4.), sondern oft auch Entsprechungen zu den semantischen Subklassen der Präpositionen (↑ 2.8.5.) haben:

(1) **Bevor** er aß, wusch er sich die Hände. (Konjunktion)
(2) **Vor** dem Essen wusch er sich die Hände. (Präposition)

Mitunter tritt auch die gleiche Wortform als Konjunktion und Präposition auf (↑ 2.8.1., Bsp. (1) und (2)); in diesen Fällen unterscheiden sich die Elemente weder semantisch noch morphologisch, sondern nur in ihrer syntaktischen Funktion (↑ 2.1.3., 1.).

Einige Konjunktionen *(und, daß, ob)* haben eine so allgemeine Bedeutung, daß sie eine spezifische Bedeutung nicht (oder kaum) ausdrücken. Bei ihnen dominiert die syntaktische Verknüpfungsfunktion, die Verknüpfung kann auch oft ohne Konjunktion vorgenommen werden:

(3) Hans schreibt, (**und**) Inge rechnet.
(4) Ich denke, **daß** du nach Berlin fährst. – Ich denke, du fährst nach Berlin. (uneingeleiteter Nebensatz; ↑ 3.6.2.1.).

2.10. Die Partikel

2.10.1. Partikeln als Wortklasse

Im Deutschen gibt es eine beträchtliche Zahl von „kleinen Wörtern", die unflektierbar sind und doch nicht einfach mit den anderen unflektierbaren Wörtern (den Adverbien, Konjunktionen, Präpositionen, Modalwörtern, Interjektionen und anderen Satzäquivalenten) gleichgesetzt werden können (z. B. *bloß, eben, etwas, denn, erst, gar, ja, mal, sehr)*. Auf Grund spezifischer Eigenschaften werden sie in jüngeren Grammatiken deshalb von den Adverbien getrennt:

- Die Partikeln sind – im Unterschied zu den Adverbien – keine selbständigen Satzglieder.
- Deshalb sind sie in der Regel nicht erststellenfähig (d. h. können die Position vor dem finiten Verb im deutschen Aussagesatz (Hauptsatz) nicht allein einnehmen) – im Unterschied zu den Adverbien und zu den Modalwörtern:

(1)	Er ist **heute** krank.	→ Heute ist er krank.	(Adverb)
(2)	Er ist **vermutlich** krank.	→ Vermutlich ist er krank.	(Modalwort)
(3)	Er ist **ja** krank.	→ *Ja ist er krank.	(Partikel)

- Auf Grund ihrer fehlenden Satzgliedschaft sind die Partikeln als selbständige Antworten auf Fragen nicht möglich (während Adverbien auf Ergänzungsfragen und Modalwörter auf Entscheidungsfragen antworten):

(1a)	Wann ist er krank?	**Heute.**
(2a)	Ist er krank?	**Vermutlich.**
(3a)	Wann ist er krank?	***Ja. *Denn. *Mal. *Sehr.**
(3b)	Ist er krank?	**Ja** (aber: keine Partikel). ***Denn. *Mal. *Sehr.**

- Die Partikeln berühren semantisch die Wahrheitsbedingungen von Sätzen nicht:

  (3) Er ist ja krank. (= Er ist krank.) (Abtönungspartikel)
  (4) Sogar der Arzt konnte ihm nicht helfen. (= Der Arzt konnte ihm nicht helfen.) (Gradpartikel)

- Partikeln können syntaktisch im Satz eliminiert werden, ohne daß der Satz ungrammatisch wird.
- Obwohl die Partikeln den Wahrheitswert von Sätzen nicht verändern und auch syntaktisch eliminierbar sind, modifizieren sie die Äußerung in bestimmter Weise (teils semantisch, teils pragmatisch). *Wie* sie die Äußerung modifizieren und auf welche Teile der Äußerung diese Modifikation bezo-

gen ist, ist bereits eine Frage, in der sich die Subklassen der Partikeln (↑ 2.10.2.) voneinander unterscheiden.

Unter Partikeln werden demnach solche morphologisch unflektierbaren Wörter verstanden, die über keine solchen syntaktischen Merkmale verfügen wie die anderen unflektierbaren Wortklassen (vgl. HELBIG/BUSCHA [8]1984, 475ff.; ADMONI [2]1966, 206f.; GRUNDZÜGE 1981, 490f., 683, 688f.). Es sind jene unflektierbaren Wörter, die keinen Satzwert haben (im Unterschied zu Satzäquivalenten und Modalwörtern), die keinen Satzgliedwert haben (im Unterschied zu den Adverbien) und die auch keinen Fügewert haben (im Unterschied zu Konjunktion und Präposition).

2.10.2. Subklassen der Partikeln

Die Partikeln sind in sich noch sehr heterogen, so daß mehrere Subklassen unterschieden werden können und müssen (vgl. HELBIG 1988a, 27ff.):

1. *Abtönungspartikeln* (oder Modalpartikeln) (vgl. WEYDT 1969; KRIWONOSSOW 1963) sind solche Partikeln, die die Stellung des Sprechers zum Gesagten ausdrücken, sich nicht auf einzelne Satzglieder, sondern auf das Prädikat und damit auf den gesamten Satz beziehen, deren Funktionen sehr unterschiedlicher Art sind (↑ 2.10.3.) und nicht primär auf semantischer, sondern auf kommunikativer Ebene liegen. Auf Grund dieser Funktionen sind die meisten Abtönungspartikeln auf bestimmte Satzarten (Aussage-, Aufforderungs-, Fragesatz) (↑ 3.7.) festgelegt und über diese Satzarten an bestimmte Intentionen bzw. Sprechhandlungen (z. B. Aufforderungs-, Fragehandlung, Wunsch, Drohung) gebunden. So kommen z. B. *denn* und *etwa* nur in Fragesätzen, *eben, halt* und *ja* gerade nicht in Fragesätzen vor; manchmal unterscheiden sich in dieser Hinsicht die unbetonte und die betonte Variante (*Er hat ja verloren.* (Aussage) – *Komm já pünktlich!* (Aufforderung)). Überhaupt lassen sich die zahlreichen Varianten der einzelnen Abtönungspartikeln nach der Satzart und der Sprechhandlung unterscheiden. Die zentrale Gruppe der Abtönungspartikeln (z. B. *aber, auch, bloß, denn, doch, eben, etwa, halt, ja, mal, nur, schon, vielleicht)* ist nicht erststellenfähig und hat Homonyme in anderen Wortklassen (z. B. als Konjunktion, Adverb, Modalwort). Daneben gibt es eine periphere Gruppe von „Abtönungspartikeln im weiteren Sinne“, die erststellenfähig sind (dabei nicht in eine andere Wortklasse eintreten) und keine Homonyme in anderen Wortklassen haben (z. B. *allerdings, immerhin, eigentlich, jedenfalls, überhaupt)*:

(1a) Er hat **immerhin** die Prüfung bestanden. (Partikel)
(1b) **Immerhin** hat er die Prüfung bestanden. (Partikel)

Aber (mit anderer Bedeutung und mit Übertritt in eine andere Wortklasse):

(2a) Er hat das Spiel **eben** verloren. (Partikel)
(2b) **Eben** hat er das Spiel verloren. (Temporaladverb)

Die Abtönungspartikeln stehen in der Regel hinter dem finiten Verb, wobei allerdings zwischen finitem Verb und Abtönungspartikel mehrere andere (unbetonte) Glieder stehen können (sie haben weder eine völlig feste noch eine völlig freie Stellung im Satz):

(3) Peter hat ( ) gestern ( ) seiner Freundin ( ) die Uhr ( ) geliehen. (Die Klammern markieren die mögliche Stellung von Abtönungspartikeln wie *eigentlich, ja, doch, schon, halt, eben.*)

2. *Gradpartikeln* (oder Rangierpartikeln) (vgl. ALTMANN 1976) beziehen sich nicht auf den gesamten Satz, sondern auf ein bestimmtes Bezugsglied im Satz (Skopus):

(3a) **Sogar** ích habe Peter zum Geburtstag gratuliert.
(3b) Ich habe **sogar** Péter zum Geburtstag gratuliert.
(3c) Ich habe Peter **sogar** zum Gebúrtstag gratuliert.

Ihre Funktion liegt nicht auf kommunikativer, sondern auf semantischer Ebene, da sie dem Satz (der Assertion) eine quantifizierende und/oder skalierende Interpretation hinzufügen und bestimmte Präsuppositionen (Voraussetzungen) markieren:

(4) Nur Peter hat die Wahrheit gesagt.
(5) Auch Peter hat die Wahrheit gesagt.
(6) Sogar Peter hat die Wahrheit gesagt.

In (4) bis (6) ist die Assertion gleich (Satz ohne Partikel: *Peter hat die Wahrheit gesagt.*), die Präsuppositionen sind jedoch verschieden: bei (4) gibt es kein von Peter verschiedenes Element, das die Wahrheit gesagt hat (quantifizierend), bei (5) gibt es mindestens 1 von Peter verschiedenes Element, das die Wahrheit gesagt hat (quantifizierend), bei (6) gibt es ebenfalls mindestens 1 von Peter verschiedenes Element, das die Wahrheit gesagt hat und in einer (durch Reihenfolge, Erwartung o. a.) geordneten Skala tiefer als Peter steht (skalierend).

Die Gradpartikeln zeigen keine Beschränkungen hinsichtlich der Sprechhandlung und der Satzart, aber hinsichtlich der Bezugsglieder im Satz, die Nominalgruppen (***selbst** der Arzt …*), Präpositionalgruppen (***selbst** bei schlechtem Wetter*), Nebensätze (***selbst** wenn schlechtes Wetter ist*), Prädikativa (*Er ist **sogar** Direktor*) u. a. sein können. Gradpartikeln verhalten sich ähnlich wie die Sondernegation; beide sind Operatoren, in deren Skopus nicht der gesamte Satz, sondern nur eine Variable innerhalb des Satzes steht (deshalb kann in (3) an der Stelle von *sogar* auch *nicht* stehen). Die Stellung der Gradpartikel ergibt sich aus dem Bezugsglied: Zumeist steht die Gradpartikel unmittelbar vor dem Bezugsglied (***Nur** der Arzt konnte ihm helfen.*); sie kann jedoch auch unmittelbar nach dem Bezugsglied (*Der Arzt **nur** konnte ihm helfen.*) und noch seltener in Distanzstellung (*Der Arzt konnte dem Verletzten **nur** helfen.*) erscheinen. Semantisch können mehrere Gruppen von Gradpartikeln unterschieden werden:

- restriktiv-exklusive (*nur, bloß, lediglich, allein, ausschließlich, einzig*)
- koordinativ-inklusive (*auch, ebenfalls, ebenso, gleichfalls*)
- heraushebend-inklusive (*sogar, selbst, nicht einmal*)
- heraushebend-exklusive (*gerade, genau, eben, ausgerechnet, insbesondere*)
- temporale (*erst, schon, noch*).

3. *Steigerungspartikeln* (auch: Gradmodifikatoren oder Intensifikatoren) beziehen sich weder auf den Gesamtsatz noch auf unterschiedliche Bezugsglieder, sondern in der Regel auf Adjektive (oder Adjektiv-Adverbien):

(7) Der Schüler (ist) arbeitet *sehr/ziemlich/recht/ungewöhnlich* fleißig.

Ihre Funktion liegt nicht auf kommunikativer, sondern auf semantischer Ebene: Sie ordnen die durch die Adjektive bezeichneten Eigenschaften einer impliziten Gradskala zu, indem sie den Grad dieser Eigenschaften angeben. Sie haben keine Beschränkungen hinsichtlich Satzart und Sprechhandlung, auch nicht hinsichtlich semantischer Bezugsbereiche, wohl aber hinsichtlich der Verträglichkeit mit den unterschiedlichen Komparationsformen der Adjektive (↑ 2.4.3.). Manche Partikeln kommen nur vor dem Positiv (z. B. *sehr, ganz, höchst, recht, so, überaus, ziemlich*), andere nur vor dem Komparativ (*viel, weit*), andere vor Positiv und Komparativ (*etwas*), wieder andere vor Komparativ und Superlativ (*weitaus*) vor. Die Stellung der Steigerungspartikeln ist fest (immer vor dem Adjektiv). Semantisch gliedern sich die Steigerungspartikeln in

- Intensifikatoren, die der Verstärkung der Eigenschaft dienen (hoher Grad) (z. B. *sehr, höchst, außerordentlich*)
- De-Intensifikatoren, die der Abschwächung der Eigenschaft dienen (geringer Grad) (z. B. *ziemlich, nahezu, fast*).

4. Über die genannten 3 großen Subklassen hinaus werden manchmal noch andere Subklassen von Partikeln angenommen, die mindestens umstritten, z. T. auch fragwürdig sind, z. B.

- *„Antwortpartikeln"* wie *ja, nein, doch; eben, genau* (dabei handelt es sich teils um Satzäquivalente (↑ 2.12.), die außerhalb des Satzrahmens stehen, teils um auf Abtönungspartikeln reduzierte Sätze (als Repliken auf Aussagesätze))

- *„Negationspartikeln"* (da die meisten Negationswörter deklinierbar sind und/oder Satzgliedwert haben (↑ 2.1.3., 4.), verbleibt nur das Negationswort *nicht*, das als Negationsoperator bestimmte Gemeinsamkeiten mit den Gradpartikeln hat, jedoch – in anderer Verwendung – auch Abtönungspartikel sein kann:

  (8) Kannst du mir **nicht** helfen?
  (= Kannst du mir helfen? – keine Negationsbedeutung)

- *„Infinitivpartikel" zu* (die weder semantischen noch kommunikativen Wert hat (sie bewirkt weder Abtönung noch Graduierung oder Steigerung), sondern bloßes syntaktisches Signal ist, als solches aber obligatorisch steht – im Unterschied zu allen anderen Partikeln)
- *„Vergleichspartikeln" (wie, als, denn)* (hier handelt es sich um Fügewörter, die entweder den Konjunktionen oder den Präpositionen – je nach den angenommenen Kriterien für die Wortarteinteilung – zugeordnet werden müssen)
- *„Interjektionspartikeln"* (die nicht in den Satzverband integrierbar sind – im Gegensatz zu den Partikeln).

2.10.3. Funktionen der Abtönungspartikeln

Als besonders kompliziert erweisen sich die Abtönungspartikeln, weil sie unterschiedliche Funktionen erfüllen, die (von unterschiedlichen linguistischen Richtungen) oft einseitig verabsolutiert worden sind, die sich jedoch nicht ausschließen, sondern ergänzen und überlagern (vgl. HELBIG 1988a, 55ff.):

- Sie sind Einstellungsausdrücke, rangieren über Einstellungen, indem sie etwas über die Einstellung des Sprechers zum Satzinhalt (zur Proposition) aussagen und sich auf seine Ansichten, Haltungen, Erwartungen, Bewertungen, Einschätzungen u. a. sowie auf die des Hörers beziehen.
- Sie sind darüber hinaus situationsdefinierend, weil sie Hinweise auf die Wahrnehmung und Beurteilung der konkreten Sprechsituation enthalten.
- Sie sind illokutionsindizierend oder -modifizierend, weil sie auf Sprechhandlungen Bezug nehmen, indem sie manche Sprechhandlungen indizieren oder modifizieren (vgl. z. B. *Besuch uns* ***doch/mal/eben!*** als Aufforderung, Bitte bzw. Ratschlag).
- Sie sind konversationssteuernd, indem sie die Äußerung im konversationellen Kontext verankern und die konkrete Gesprächsstellung anzeigen, erkennen lassen, ob sich der Gesprächspartner am Anfang, in der Mitte oder am

Ende des Gesprächs befindet (*eben* verweist z. B. auf den Abschluß des Gesprächs, *überhaupt* und *eigentlich* geben dem Gespräch eine Wendung).

- Sie haben interaktionsstrategische Funktionen, da sie die Äußerung in den Handlungszusammenhang einordnen, indem sie z. B. zum Konsens (*Wir haben das **ja/doch** vereinbart.*) oder Dissens (*Wir haben das **aber** vereinbart.*) beitragen, eine Präferenz des Sprechers für eine zustimmende oder eine negative Antwort (*Du rauchst **doch**? Rauchst du **etwa**?*) ausdrücken.

- Sie wirken textkonnektierend, indem sie Äußerungen (z. T. auch über einen Sprecherwechsel hinweg) verbinden und z. T. eine ähnliche Verknüpfungsfunktion wie die Konjunktionen ausüben (*Ich gehe nicht schwimmen, das Wasser ist **ja** viel zu kalt.* – Partikel; *Ich gehe nicht schwimmen, **weil** das Wasser viel zu kalt ist.* – Konjunktion).

2.11. Das Modalwort

2.11.1. Modalwörter als Wortklasse

Auch die Modalwörter werden in jüngerer Zeit zumeist von den Adverbien abgehoben, weil sie sich (zwar nicht morphologisch und in der oberflächensyntaktischen Position, wohl aber tiefensyntaktisch und semantisch) von ihnen unterscheiden (und auch nicht in deren Subklassen eingeordnet werden können):

(1) Er kommt **pünktlich** zur Schule. (Adverb)
(2) Er kommt **vermutlich** zur Schule. (Modalwort)

In (1) ist etwas ausgesagt über die (objektive) Art und Weise des Geschehens, in (2) etwas über die (subjektive) Einschätzung des Geschehens durch den Sprecher. Dieser semantische Unterschied hat mehrere syntaktische Reflexe, an denen man die Modalwörter erkennen und sie von den Adverbien abheben kann (vgl. G. Helbig/A. Helbig 1990):

- Im Unterschied zu den (modalen) Adverbien lassen sich die Modalwörter durch einen übergeordneten Satz paraphrasieren:
  (3) Er kommt **vermutlich.**
  – Ich vermute (man vermutet, es ist vermutlich so), daß er kommt.
  (4) Er kommt **schnell.**
  – *Es ist schnell, daß er kommt.
  Falls beim Adverb eine Paraphrase möglich ist, dann erscheint die Proposition nicht in einem *daß*-, sondern in einem *wie*-Satz:
  (4a) Es ist schnell, **wie** er kommt.

- Die Modalwörter lassen sich im Unterschied zu den modalen Adverbien durch einen Schaltsatz paraphrasieren:
  (5) Er hat den Zug **vermutlich** nicht erreicht.
  Er hat den Zug – wie ich vermute (ich vermute es) – nicht erreicht.

- Auf eine Entscheidungsfrage kann man allein mit einem Modalwort antworten (auf eine Ergänzungsfrage dagegen mit einem Adverb):
  (6) Kommt er? Vermutlich. Leider. *Schnell. *Pünktlich.
  (7) Wie kommt er? Schnell. Pünktlich. *Vermutlich. *Leider.

- Das Negationswort *nicht* steht immer vor den modalen Adverbien (als Sondernegation), aber hinter dem Modalwort (Sondernegation des Modalwortes ist nicht möglich), nicht umgekehrt:
  (8) Er kommt **nicht** pünktlich. (*Er kommt pünktlich nicht.)
  (9) Er kommt vermutlich **nicht.** (*Er kommt nicht vermutlich.)

- Die meisten Modalwörter kommen nicht in Imperativsätzen und in Wunschsätzen vor, können auch nicht kompariert und koordiniert werden *(*Komm vermutlich! – Komm schnell!, *Käme er doch vermutlich! – Käme er doch schnell!; *Er kommt vermutlicher. – Er kommt schneller.; *Er kommt vermutlich und leider. – Er kommt schnell und pünktlich.).*

2.11.2. Wesen der Modalwörter

Das gezeigte syntaktische Verhalten der Modalwörter deutet darauf hin, daß die Modalwörter abgeleitete und kondensierte Ausdrücke sind, kondensierte Varianten zu expliziteren Strukturen, aus denen sie abgeleitet werden können (vgl. die Paraphrase durch übergeordnete Sätze und durch Schaltsätze). Da sie jedoch im Unterschied zu den übergeordneten Sätzen nicht negiert werden können, sind sie nicht einfach Prädikate über Prädikate, sondern Einstellungsoperatoren, die Sprechereinstellungen ausdrücken und Propositionen (Satzinhalte) in bewertete Äußerungen überführen (vgl. LANG 1979). Sie liegen somit nicht auf gleicher semantischer Ebene wie die Proposition p selbst; die mit ihnen ausgedrückte Einstellung gehört nicht zur aktualen Welt, *über* die gesprochen wird, sondern sie ist eine Einstellung, *mit* der über die aktuale Welt gesprochen wird. Die Modalwörter drücken also eine Einstellung aus (sind Einstellungsausdrücke), sie sprechen nicht über diese Einstellung; folglich sind sie pragmatisch-kommunikativ nicht Behauptungen (die man negieren können müßte), sondern Kommentare. Dafür spricht auch die Möglichkeit, sie durch Schaltsätze zu paraphrasieren, und der Umstand, daß sie manchmal auch als „Schaltwörter" oder „Parenthetika" bezeichnet werden (vgl. ISAČENKO 1968, 614ff.). Der Terminus „Modalwort" weist auf die semantische Funktion, der Terminus

„Schaltwort“ eher auf die syntaktische Funktion dieser Wörter. Ihr Wesen als Ausdrücke für Sprechereinstellungen begründet nicht nur ihr syntaktisches Verhalten bei den unter 2.11.1. genannten Tests (weil sie Einstellungsoperatoren sind, können sie nicht im Bezugsbereich anderer Operatoren stehen, können sie nicht negiert, erfragt und kompariert werden), sondern auch ihren syntaktischen Status, der in der Grammatik unterschiedlich verstanden wird: Manche Autoren (z. B. ADMONI ²1966, 203ff.) fassen die Modalwörter als vollwertige Satzglieder auf, weil sie die Wortstellung beeinflussen und nicht außerhalb des Satzes stehen, andere (vgl. MOSKALSKAJA 1975, 52f.) halten sie für satzwertig, weil sie sich auf den ganzen Satz beziehen (ihn in modaler Hinsicht (mit)prägen), weil sie weder Satzglieder sind (wie die autosemantischen Wörter) noch sich an die autosemantischen Wörter anlehnen (wie die Funktionswörter). Die Alternative, ob die Modalwörter Satzglieder oder satzwertig sind, läßt sich nur auf der Basis einer Mehrebenenorganisation der Sprache entscheiden: Auf der syntaktischen Oberfläche verhalten sich die Modalwörter tatsächlich wie Satzglieder (sie stehen innerhalb des Satzes und sind wie Satzglieder verschiebbar):

(1) **Vermutlich** kommt er morgen. – Er kommt **vermutlich** morgen. – Morgen kommt er **vermutlich.**

In der zugrunde liegenden Struktur (und von ihrem Wesen her) sind sie mehr als Satzglieder, sind sie satzwertig, sind sie latente Sätze und als Kondensat solcher Sätze (die Einstellungen ausdrücken) erklärbar. Darauf beruht ihre Paraphrasierbarkeit durch übergeordnete Sätze und Schaltsätze. Während in der zugrunde liegenden Struktur Satzwertigkeit vorliegt, können die Modalwörter an der Oberfläche innerhalb (vgl. (1)), aber auch außerhalb des Satzverbandes stehen *(Kommt er morgen? Vermutlich (‚er hat es gesagt).)*. Das unterscheidet sie von den Interjektionen und anderen Satzäquivalenten (↑ 2.12.), die auch an der Oberfläche obligatorisch außerhalb des Satzverbandes stehen.

2.11.3. Subklassen der Modalwörter

Obwohl die Modalwörter Sprechereinstellungen ausdrücken, sind die Modalwörter danach zu differenzieren, ob sie Sprecher- oder Subjektbezug haben:

(1) Der Fahrer hat **wahrscheinlich** überholt. (Sprecherbezug)
- Es ist wahrscheinlich **für den Sprecher,** daß der Fahrer überholt hat.
- **Der Sprecher** hält es für wahrscheinlich **für sich** (und andere), daß der Fahrer überholt hat.

(2) Der Fahrer hat **leichtsinnigerweise** überholt. (Subjektbezug)
- Es ist leichtsinnig **vom Fahrer,** daß er überholt hat.
- **Der Sprecher** hält es für leichtsinnig **vom Fahrer**, daß er überholt hat.

Wenn Subjektbezug vorliegt, ergibt sich eine weitere Differenzierung nach dem Bezugsglied im übergeordneten Satz:

(3) Er ist **klugerweise** pünktlich. (*von*-Subjekt)
  – Es ist klug **von ihm,** daß **er** pünktlich kommt.

(4) Er kam **nutzloserweise** nach Berlin. (*für*-Subjekt)
  – Es war nutzlos **für ihn**, daß **er** nach Berlin kam.

(5) Er hat **angeblich** angerufen. (Subjekt-Agens)
  – **Er** gibt an, daß **er** angerufen hat.

Eine grundlegende Subklassifizierung der Modalwörter ergibt sich nach der Art der von ihnen ausgedrückten Sprechereinstellung:

- Gewißheitsindikatoren drücken eine Einstellung des Wissens aus (z. B. *zweifellos, fraglos, tatsächlich).*

- Hypothesenindikatoren drücken eine Einstellung des Glaubens aus, die sich beziehen kann auf an Sicherheit grenzende Wahrscheinlichkeit *(sicher, bestimmt, gewiß)*, auf mäßige Unsicherheit *(vermutlich, wahrscheinlich)* oder auf große Unsicherheit *(vielleicht, möglicherweise).*

- Distanzindikatoren drücken die distanzierende Einstellung des Sprechers aus (bei der Wiedergabe von Äußerungen Dritter hegt der Sprecher Zweifel) *(angeblich, vorgeblich).*

- Emotiva drücken die emotionale Einstellung des Sprechers zum Sachverhalt aus *(leider, gottseidank, erfreulicherweise).*

- Bewertungsindikatoren drücken eine valuative Einstellung des Sprechers aus, der den Sachverhalt rational oder qualitativ bewertet *(vorsichtigerweise, unsinnigerweise, leichtfertigerweise).*

Im Zentrum der Modalwörter stehen die Gewißheits-, Hypothesen- und Distanzindikatoren, denen gemeinsam ist, daß sie Einstellungen der Sprecher zum Grad und/oder zur Motivation der Sicherheit, zum Gewißheitsaspekt seiner Äußerung (zu deren Gestaltung) ausdrücken (daß es sich um „Gewißheitsmodalität" handelt). Die äußerste Peripherie bilden die Bewertungsindikatoren (zumeist auf *-weise*), die äußerst zahlreich sind (deshalb auch die Klasse der Modalwörter relativ offen gestalten) und auch nicht alle Kriterien der Modalwörter (↑ 2.11.1.) in vollem Maße erfüllen. Dennoch sind auch sie Einstellungsausdrücke, die sich deutlich von den Adverbien unterscheiden:

(6) Er hat uns **freundlich** geschrieben.
(7) Er hat uns **in freundlicher Weise** geschrieben.
(8) Er hat uns **freundlicherweise** geschrieben.

Das Adjektiv-Adverb in (6) und die Präpositionalgruppe in (7) bezeichnen die objektive Art und Weise des Schreibens (*wie* er uns geschrieben hat), das Modalwort in (8) dagegen drückt die Sprechereinstellung aus (das *Daß* des Schreibens wird subjektiv bewertet; = *Es ist freundlich von ihm,* ***daß*** *er uns geschrieben hat).*

2.12. Satzäquivalente

Satzäquivalente sind solche Wörter, die (auch an der Oberfläche) nicht Teil eines Satzes, sondern selbst Sätze sind. Dazu rechnen

- die Interjektionen, d. h. Ausdrucks- und Empfindungswörter zumeist in spontanen gefühlsbewegten Situationen, z. T. mit einem relativ eindeutigen Gefühlsausdruck (z. B. *hurra, juchhe* für Freude, *äks, pfui, puh* für Ekel, *au, o(weh)* für Schmerz), aber auch mit einem durch Kontext und/oder Situation zu bestimmenden Gefühlsausdruck (z. B. *ach* für Bedauern, Schmerz, Sehnsucht, Verwunderung, *hm* für Behagen, Nachdenken, Verwunderung, Zustimmung)
- *ja, nein* und *doch* als Antworten auf Entscheidungsfragen (↑ 3.7.2.1.), wobei *ja* zur Bestätigung, *nein* zur Verneinung einer Entscheidungsfrage ohne Negationselement, *nein* zur Bestätigung und *doch* zur Verneinung einer Entscheidungsfrage mit Negationselement steht *(Kommt er heute? Ja. Nein. – Kommt er heute nicht? Nein. Doch.)*
- *bitte* und *danke* als Satzäquivalente zum Ausdruck von Bitte und Dank, aber auch als Umschreibung für *ja/nein* oder als bloße Höflichkeitsformeln.

3. Der Satz

3.1. Satz und Satzglieder

3.1.1. Merkmale des Satzes

Eine völlig einheitliche und abgesicherte Definition des Satzes läßt sich bis heute noch nicht geben. Gewöhnlich werden dem Satz mehrere Merkmale (auf verschiedenen Ebenen) zugesprochen, indem er aufgefaßt wird

- als (relative) Intonationseinheit, d. h. als Einheit mit einer charakteristischen Tonführung (Satzintonation und Melodieführung; ↑ 3.7.),
- als Formeinheit mit einer charakteristischen Gliederung (die im wesentlichen durch das Verb und die feste Stellung des Verbs im Satz bestimmt ist; ↑ 3.3.1.1.),
- als Fügungseinheit, die sich ergibt aus den syntaktischen Beziehungen im Satz (in deren Zentrum das Verb mit seiner Valenz steht, das Ergänzungen unterschiedlicher Zahl und Art an sich bindet; ↑ 2.2.1.2., 6.),
- als (relative) Sinneinheit, die den inhaltlichen Zusammenhang der einzelnen Teile gewährleistet und ein Spannungsgefüge bildet (das z. B. auch das sinnwichtigste Glied mit dem größten Mitteilungswert nach dem Ende des Satzes streben läßt).

Da diese Merkmale nicht immer in direkter Entsprechung zueinander stehen (obwohl die Grenzen der Einheit „Satz" stets mit relevanten Grenzen innerhalb der verschiedenen Strukturebenen zusammenfallen), wird der Charakter des Satzes als *syntaktische* Einheit in der jüngeren Literatur mit Recht besonders hervorgehoben (vgl. Grundzüge 1981, 153ff.): Der Satz ist die syntaktische Einheit, in deren Rahmen Abbilder von Sachverhalten der Wirklichkeit (Bewußtseinsinhalte) mit wahrnehmbaren Lautformen verbunden sind. Wie das Wort (bzw. das Morphem) die kleinste, so ist der Satz die größte syntaktische Einheit. Es ist Aufgabe der *Syntax*, zu zeigen, wie das Verhältnis zwischen semantischer und phonologischer Struktur durch die syntaktische Struktur vermittelt ist, und die Regularitäten zu beschreiben, auf denen die Bildung von Wortgruppen aus Wörtern und von Sätzen aus Wortgruppen beruht. Diese Regularitäten können nicht einfach als Addition von Wörtern zu Wortgruppen und von Wortgruppen zu Sätzen erklärt werden. Vielmehr gibt es „Zwischeninstanzen“ zwischen Wort und Satz. Als eine solche Zwischeninstanz (die offenbar unumgänglich ist) erscheinen die Satzglieder.

3.1.2. Verschiedene Auffassungen zu den Satzgliedern

Über den Status und die Kriterien der Satzglieder gibt es noch recht uneinheitliche Auffassungen (vgl. BEITRÄGE ZU PROBLEMEN DER SATZGLIEDER, 1978). Mindestens zwei verschiedene Ausgangspositionen sind zu unterscheiden:

(a) Die Satzglieder ergeben sich – nach einem semantischen Kriterium – aus „Vorstellungsgruppen“ („Vorstellungsmassen“) (vgl. PAUL 1954, 12; SÜTTERLIN 1900; 317) bzw. aus der Widerspiegelung der Wirklichkeit (vgl. JUNG ^{5}1973, 8; SCHMIDT ^{4}1973, 126).

(b) Die Satzglieder ergeben sich – nach formalen Kriterien der syntaktischen Oberflächenstruktur – aus der Verschiebeprobe; sie sind „Stellungsglieder“, d. h. „gegenseitig verschiebbare Elemente des Satzes“, die auch allein vor dem finiten Verb im deutschen Hauptsatz (Aussagesatz) auftreten können (GLINZ ^{2}1961, 81f.), sind permutable Komplexe im Satz.

Die beiden Konzepte (a) und (b) sind nicht nur von ihren Ausgangspositionen her nicht ohne weiteres vereinbar, sondern auch an sich nicht voll adäquat. Das (jüngere) Konzept (b) hat zwar den Vorzug, daß mit ihm die Satzglieder von den Wortarten und im allgemeinen auch von den Nicht-Satzgliedern bzw. Satzgliedteilen (vor allem: Attributen) getrennt werden können:

(1) **Der Zug** fährt um 9 Uhr nach Berlin.
(2) **Um 9 Uhr** fährt der Zug nach Berlin.
(3) **Nach Berlin** fährt der Zug um 9 Uhr.
(4) **Der Zug um 9 Uhr** fährt nach Berlin.
(5) **Der Zug nach Berlin** fährt um 9 Uhr.

Durch (1), (2) und (3) erweisen sich die hervorgehobenen Glieder als Satzglieder (weil sie allein die Stelle vor dem finiten Verb einnehmen); bei (4) ist die Zeit-, bei (5) die Ortsangabe kein selbständiges Satzglied (sondern Attribut), weil sie die Stelle vor dem finiten Verb nicht allein einnehmen. Das Konzept (b) hat jedoch den Nachteil, daß es auf andere Sprachen (die keine strenge Zweitstellung des finiten Verbs haben) nicht anwendbar ist und seiner Anwendung in einigen Fällen auch im Deutschen Grenzen gesetzt sind (wenn z. B. das Attribut von seinem Bezugswort getrennt und auch an die erste Stelle gerückt werden kann):

(6) Er hat wenig **von Leipzig** gesehen.
(7) Wenig **von Leipzig** hat er gesehen.
(8) **Von Leipzig** hat er wenig gesehen.

Diese Bedenken gegen (b) führen jedoch nicht automatisch zur Anerkennung von (a), da die Satzglieder keine *direkten* Abbilder außersprachlicher Sachverhalte sind:

(9) Peter kauft **den Anzug.**
(10) **Der Anzug** wird (von Peter) gekauft.
(11) das Kaufen **des Anzugs** (durch Peter)

Obwohl (9), (10) und (11) der gleiche außersprachliche Sachverhalt entspricht ('der Anzug' ist Patiens des Kaufens), hat *Anzug* eine unterschiedliche Satzgliedschaft (in (9) Objekt, in (10) Subjekt, in (11) Attribut). Dennoch fällt auf, daß (9) dem außerordentlichen Sachverhalt „direkter" entspricht als (10) und (11). Deshalb kann man bei (9) von einer zugrunde liegenden Struktur (oder Grundstruktur) sprechen, bei (10) und (11) dagegen von Oberflächenstrukturen, die in der Bedeutung (9) entsprechen, aber syntaktisch von (9) abgeleitet sind (bei (10) durch eine Passiv-, bei (11) durch eine Nominalisierungstransformation).

Mit dieser Deutung befinden wir uns jedoch nicht mehr auf dem Boden der Konzepte (a) und (b), sondern bereits auf dem eines neuen Konzepts (c) (vgl. CHOMSKY 1965; GRUNDZÜGE 1981, 129f.), das in gewisser Weise zwischen den Konzepten (a) und (b) vermittelt, die Satzglieder weder als bloße Stellungsglieder noch als direkte Reflexe außersprachlicher Beziehungen auffaßt, nach dem die Satzglieder vielmehr durch drei Merkmale charakterisiert sind:

- Die Satzglieder sind keine Kategorien, sondern *Funktionen* von Kategorien, keine bloßen Stellungs-, sondern Funktionsglieder.

- Die Satzglieder sind *Relationen*. Deshalb sollte auch immer z. B. von Subjekt-von oder Objekt-von gesprochen werden, damit etwa das hervorgehobene Glied zugleich als Objekt-von *sehen* und als Subjekt-von *kommen* beschrieben werden kann:
  (12) Wir sehen **ihn** kommen (← Wir sehen, daß **er** kommt.)
  Mit diesem Relationscharakter hängt es auch zusammen, daß man – im Unterschied zu den Wortarten (als Kategorien) – keine Elemente der Satzglieder unabhängig vom Satzkontext aufzählen kann (also nicht etwa die Aufgabe stellen kann, 3 Subjekte oder Objekte zu nennen, wohl aber die, 3 Verben oder Substantive zu nennen).

- Bei den Satzgliedern handelt es sich um Relationen sowohl in der zugrunde liegenden syntaktischen Struktur (Grundstruktur) als auch um solche in der abgeleiteten Oberflächenstruktur, die sich nicht decken müssen. Auf diese

Weise wird es möglich, den unterschiedlichen Satzgliedstatus des hervorgehobenen Gliedes in (12) zu beschreiben (Objekt-von *sehen* in der Oberflächenstruktur, Subjekt-von *kommen* in der zugrunde liegenden Struktur), die Gemeinsamkeiten der bei (9), (10) und (11) zugrunde liegenden Struktur (*Peter* als Subjekt-von *kaufen*) ebenso zu erfassen wie die Unterschiede in der Oberflächenstruktur. Ebenso kann man oberflächlich ähnlichen Sätzen eine unterschiedliche Satzgliedstruktur (auf den beiden Ebenen) zuweisen:

(13) Peter versprach **Renate,** zum Arzt zu gehen.

(14) Peter empfahl **Renate,** zum Arzt zu gehen.

In beiden Fällen ist das hervorgehobene Glied in der (abgeleiteten) Oberflächenstruktur Objekt-von *versprechen* bzw. *empfehlen,* in der zugrunde liegenden Struktur ist bei (13) *Peter,* bei (14) dagegen *Renate* das (latente) Subjekt-von *gehen* (d. h. derjenige, der zum Arzt gehen wird, will oder soll). Satzglied-Relationen betreffen somit nicht nur die lineare Reihenfolge (in der Oberflächenstruktur), sondern auch die zugrunde liegende Struktur. Was die Satzglieder in der Oberflächenstruktur betrifft, so ist jedoch die unter (b) genannte Verschiebeprobe meist ein geeignetes operationelles Kriterium, sie zu ermitteln.

3.1.3. Satzglieder und Konstituenten

„Stellungsglieder" sind solche Glieder, die sich durch die Verschiebeprobe (das Permutationskriterium), aber auch durch andere Proben (Weglaß- und Ersatzprobe) als relativ selbständige Komplexe im Satz ermitteln lassen (vgl. HELBIG/BUSCHA [8]1984, 533ff.). Sie sind somit Konstituenten, die ihren Platz in der Konstituentenstruktur des Satzes haben. Die Satzglieder (als „Funktionsglieder") sind nicht direkt, sondern über die Konstituentenstruktur (über die Stellungsglieder) mit den Wortklassen verbunden. Die Konstituentenstruktur vermittelt somit zwischen den Wortklassen und dem Satzglied (vgl. GRUNDZÜGE 1981, 176ff.): Jede Wortklasse ist Teil einer bestimmten Konstituente (kategorial), und die Konstituenten üben im Rahmen der gesamten Konstituentenstruktur eine bestimmte Funktion aus, durch die sich der Status des Satzglieds (als Funktionsglied) realisiert. Syntaktische Funktionen (Satzglieder) werden somit nicht auf der Grundlage von *Wortarten (Wortklassen)*, sondern von *Wortgruppen* definiert.

Bei der Zuordnung von Wortgruppen (Konstituenten) (wie z. B. Substantivgruppe, Präpositionalgruppe, Adjektivgruppe) und Satzgliedern wird unterschieden zwischen

- *einfunktionalen* Konstituenten (die nur *einen* Platz in der Konstituentenstruktur einnehmen können) – z. B. das finite Verb, das nur als Prädikat fungieren kann;

– *mehrfunktionalen* Konstituenten (die *mehrere* Plätze in der Konstituentenstruktur einnehmen können) – z. B. die Substantivgruppe (die als Subjekt, als Objekt, als Prädikativ oder als Adverbiale fungieren kann) oder die Präpositionalgruppe (die als Adverbiale oder als Objekt, manchmal auch als Prädikativ fungieren kann).

Wie die Satzglieder nicht mit den Konstituenten identisch sind, so können sie auch nicht *morphologisch* oder *semantisch* definiert werden: Eine Konstituente ist nicht deshalb ein Subjekt, *weil* sie morphologisch als Substantiv im Nominativ auftritt (sie könnte in diesem Fall auch Prädikativ sein) oder *weil* sie semantisch ein Agens ausdrückt (ein solches Agens kann auch durch ein anderes Satzglied repräsentiert werden). Ebensowenig ergibt sich der Satzglied-Charakter von der kommunikativen Mitteilungsperspektive (Thema-Rhema-Gliederung) her, kann etwa das Subjekt mit dem „Thema" („das, worüber etwas ausgesagt wird") gleichgesetzt werden. Vielmehr sind diese Ebenen (die morphologische, syntaktische, semantische, kommunikative) indirekt und vermittelt einander zugeordnet. Die Oberflächenkasus (Nominativ, Akkusativ usw.) üben unterschiedliche Funktionen als Satzglieder aus (↑ 2.3.3.3., 1.), und umgekehrt werden die einzelnen Satzglieder durch unterschiedliche morphologische Stellungsglieder (mit unterschiedlichen Oberflächenkasus) realisiert (↑ 3.2.). Wie die Oberflächenkasus unterschiedliche Satzglieder realisieren können, so haben die Satzglieder (als syntaktische Funktionen) ihrerseits wieder unterschiedliche semantische Funktionen, die auch als „semantische Kasus" (z. B. Agens, Patiens, Adressat, Instrumental) bezeichnet werden (↑ 2.3.3.3., 2.).

3.2. Die Satzglieder im Deutschen

3.2.1. Prädikat

Das Prädikat (als zentrales Glied im Satz, von dem die anderen Glieder abhängig sind) enthält mindestens ein Verb (als Träger der Valenz; ↑ 2.2.1.2., 6.): Das Vollverb ist Valenzträger gegenüber Objekten und Adverbialbestimmungen, das Kopulaverb gegenüber adjektivischen und substantivischen Prädikativen, das adjektivische Prädikativ gegenüber Objekten, das Funktionsverb gegenüber dem nominalen Teil von Funktionsverbgefügen (↑ 2.2.4.2.), das Funktionsverbgefüge als Ganzes gegenüber Objekten. Das Prädikat kann ein- oder mehrteilig sein; danach und nach der Art dieser Teile werden zumeist innerhalb des Prädikats unterschieden (vgl. Helbig/Buscha [8]1984, 536ff.):

1. das *finite Verb*, das das Prädikat allein bilden kann, an der Spitze der syntaktischen Hierarchie steht und eine feste Position im Satz einnimmt *(Er **liest** ein Buch.)*;

2. der *grammatische Prädikatsteil* als nicht-finiter, aber verbaler Teil eines mehrteiligen Prädikats, der bei bestimmten grammatischen Konstruktionen (z. B. Perfekt, Passiv) obligatorisch ist und durch Infinitiv oder Partizip morphologisch repräsentiert wird *(Er hat das Buch **gelesen.** Er wird/will das Buch **lesen.**)*;

3. der *lexikalische Prädikatsteil* als nicht-finiter Teil eines mehrteiligen Prädikats, der nicht aus grammatischen, sondern aus lexikalischen oder Wortbildungsgründen steht und morphologisch unterschiedlich repräsentiert sein kann, z. B. durch
   - Substantiv (neben Vollverben) *(Er fährt **Auto.**)*
   - Adjektiv *(Wir essen uns **satt.**)*
   - Reflexivpronomen (bei reflexiven Verben und in reflexiven Formen; ↑ 2.2.4.3.) *(Das Kind schämt **sich.** Das Buch liest **sich** spannend.)*
   - Substantive und Präpositionalgruppen in Funktionsverbgefügen (↑ 2.2.4.2.) *(Wir geben ihm **Nachricht.** Er bringt das Stück **zur Aufführung.**)*
   - Infinitive des Verbs mit und ohne *zu (Sie lernten sich **kennen.** Es hat gut **reden.** Er hat nichts **zu sagen.**)*

4. das *Subjektsprädikativ* als nicht-finiter und nicht-verbaler Teil des Prädikats, der obligatorisch bei Kopulaverben *(sein, werden, bleiben)* steht und morphologisch vor allem repräsentiert wird durch
   - Substantiv im Nominativ *(Er ist **Student.**)*
   - Adjektiv *(Er ist **begabt.**)*

5. das *Objektsprädikativ* als nicht-finiter und nicht-verbaler Teil des Prädikats, der bei bestimmten Verben ebenfalls obligatorisch steht, sich aber nicht auf das Subjekt (wie bei 4.), sondern auf das Objekt bezieht und morphologisch vor allem repräsentiert wird durch
   - Substantiv im Akkusativ *(Sie nennt ihn **einen Lügner.**)*
   - (Präposition +) Adjektiv *(Er findet sie **liebenswert.** Ich halte das **für wichtig.**)*
   - Präposition + Substantiv *(Wir finden die Sache **in Ordnung.**)*

Die Prädikative (4. und 5.) werden in neueren Grammatiken mit Recht nicht nur als Teile des Prädikats, sondern auch als selbständige Satzglieder (neben dem Prädikat im engeren Sinne) aufgefaßt; dafür spricht vor allem ihre Permutierbarkeit an den Satzanfang (sie können die Stelle vor dem finiten Verb allein einnehmen):

(1a) Paris ist die Hauptstadt Frankreichs.
(1b) Die Hauptstadt Frankreichs ist Paris.

3.2.2. Subjekt

Das Subjekt ist eine Substantivgruppe, die in der Regel obligatorisch ist, vom Prädikat syntaktisch abhängig ist und das Prädikat durch Kongruenz (↑ 2.2.3.1., 3.) festlegt; es kann durch eine Nominalisierungstransformation zum Genitivattribut und durch eine Passivtransformation zum Präpositionalobjekt werden:

(1) **Das Kind** weint.
(1a) das Weinen **des Kindes**

(2) **Die Physiker** lesen das Buch.
(2a) Das Buch wird **von den Physikern** gelesen.

Das Subjekt wird morphologisch durch ein Substantiv (oder ein substantivisches Pronomen) repräsentiert *(**Die Physiker/Sie** lesen das Buch.)*, im zweiten Fall erscheint bei einer Nomalisierungstransformation ein Possessivpronomen:
(1b) **sein** Weinen
In einigen Konstruktionen (z. B. Imperativ und Paraphrasen) erscheint in der Oberfläche kein Subjekt *(Lies! Stillgestanden!)*; als nur formales (weitgehend funktionsloses) Subjekt wird die Pronominalform *es* in einer bestimmten Verwendung *(Es* gibt noch viele Probleme.) angesehen (↑ 2.7.3., 4.).

3.2.3. Objekt

Das Objekt ist eine Substantiv- oder Präpositionalgruppe, die obligatorisch oder fakultativ steht und vom Prädikat abhängig ist, die morphologisch durch ein Substantiv (im Akkusativ, Dativ, Genitiv oder durch Präposition + Substantiv) oder durch ein entsprechendes substantivisches Pronomen repräsentiert wird. Danach werden unterschieden

- das Akkusativobjekt, das – im Unterschied zu allen anderen Objekten – bei einer Passivtransformation zum Subjekt des Passivsatzes wird und bei einer Nominalisierung zum Genitivattribut (beim Pronomen: zum Possessivpronomen) werden kann:
  (3) Er rezensiert **das Buch (es)**.
  (3a) **Das Buch (Es)** wird von ihm rezensiert.
  (3b) das Rezensieren **des Buches (sein** Rezensieren/**seine** Rezension)
- das Dativobjekt, das von der Passivtransformation unberührt bleibt und durch eine Nominalisierungstransformation zum präpositionalen Attribut wird:
  (4) Er hilft **seinem Freund (ihm)**.
  (4a) **Seinem Freund (Ihm)** wird geholfen.
  (4b) die Hilfe **für seinen Freund (ihn)**.

- das (relativ seltene) Genitivobjekt, das ebenfalls von der Passivtransformation unberührt bleibt und durch eine Nominalisierungstransformation zum präpositionalen Attribut wird, das mitunter in ein Präpositionalobjekt verwandelt werden kann:
  (5) Die Bevölkerung gedachte **der Opfer (ihrer)**.
  (5a) **Der Opfer (Ihrer)** wurde gedacht.
  (5b) das Gedenken **an die Opfer (an sie)**
  (6) Er erinnerte sich **seines Freundes (seiner)**.
  (6a) Er erinnert sich **an seinen Freund (an ihn)**.

- das Präpositionalobjekt, das ebenfalls von der Passivtransformation unberührt bleibt und durch eine Nominalisierungstransformation zum präpositionalen Attribut wird, das mitunter in ein Kasusobjekt verwandelt werden kann (vgl. (6)):
  (7) Er sorgt **für die Mutter/für sie.**
  (7a) **Für die Mutter (für sie)** wird (von ihm) gesorgt.
  (7b) seine Sorgen (seine Sorge) **für die Mutter (für sie)**.

Neben den genannten Objekten zum finiten Verb gibt es auch Objekte zum Adjektiv (als Prädikativ), die ebenfalls repräsentiert werden können durch Substantive im Akkusativ *(Die Ware ist **ihr Geld** wert.)*, im Dativ *(Er ist **seinem Bruder** ähnlich.)*, im Genitiv *(Er ist **seines Freundes** würdig.)* oder durch Präpositionalkasus *(Sie ist böse **auf den Lehrer.**)*, ebenso durch die entsprechenden Personalpronomina bzw. Pronominaladverbien (↑ 2.5.2.1.).

3.2.4. Adverbialbestimmung

Die Adverbialbestimmung ist eine Präpositional-, eine Substantiv- oder eine Adverbialgruppe und kann morphologisch repräsentiert werden durch
- Präposition + Substantiv *(Er geht **in die Stadt**. Er arbeitet **mit Begeisterung**.)*
- Substantiv im Akkusativ *(Er arbeitet **den ganzen Tag.**)*
- Substantiv im Genitiv *(**Eines Abends** hat er uns besucht.)*
- (Präposition +) Adverb *(Er kommt **heute.** Er arbeitet **bis morgen.**)*
- Adjektiv-Adverb *(Der Lehrling arbeitet **fleißig.**)*

Syntaktisch (nach ihrer Bindung zum Prädikat) muß man unterscheiden:
- nicht valenzgebundene (freie) Adverbialbestimmungen *(Er arbeitet **gern.**)*
- valenzgebundene Adverbialbestimmungen (Ergänzungen) *(Er fährt **in die Stadt.** Berlin liegt an der Spree.)*.

Semantisch sind verschiedene Klassen von Adverbialbestimmungen zu differenzieren: Temporalbestimmungen *(Er kommt **jeden Tag.**)*, Lokalbestimmungen

*(Er arbeitet **in der Stadt.**)*, Modalbestimmungen *(Er ißt **mit der Gabel.**)* und Kausalbestimmungen, unter diesen wieder Kausalbestimmungen im engeren Sinne *(Sie hat **vor Freude** geweint.)*, Konditionalbestimmungen *(**Mit etwas Fleiß** könnte er seine Leistungen verbessern.)*, Konzessivbestimmungen *(Er kam **trotz Krankheit.**)*, Konsekutivbestimmungen *(Sie sehen sich **zum Verwechseln** ähnlich.)* und Finalbestimmungen *(Er fährt **zur Erholung** ans Mittelmeer.)*.

Diese semantischen Klassen haben Entsprechungen in den semantischen Klassen der adverbialen Nebensätze (↑ 3.6.2.4.), weil auch Nebensätze den Charakter von Satzgliedern haben (können).

Da die Objekte und die Adverbialbestimmungen teilweise durch dieselben Konstituenten repräsentiert werden (Präposition + Substantiv, Substantiv im Akkusativ oder Genitiv), werden sie manchmal verwechselt. Dennoch lassen sie sich im allgemeinen deutlich unterscheiden:

- Objekte können in der Regel durch Pronomina, Adverbialbestimmungen durch Adverbien substituiert werden:

(1) Er ißt **den ganzen Apfel.**	(Objekt)
→ Er ißt **ihn.**	
(2) Er ißt **den ganzen Tag.**	(Adverbialbestimmung)
→ Er ißt **heute (lange, täglich).**	
(3) Er wartet **auf den Freund.**	(Objekt)
→ Er wartet **auf ihn.**	
(4) Er wartet **auf dem Bahnhof.**	(Adverbialbestimmung)
→ Er wartet **dort.**	

- Bei Präpositionalobjekten ist die Präposition syntaktisch vom Verb regiert (folglich ohne erkennbare Semantik) (↑ 2.8.3.), bei adverbialen Präpositionalgruppen ist sie nicht vom Verb regiert, sondern sie spezifiziert semantisch die Beziehung zu dem von ihr regierten Substantiv:

(3a) Er wartet **auf** den Freund.

(4a)

Er wartet { **auf** / **vor** / **neben** / **hinter** } dem Bahnhof

Deshalb sind bei Präpositionalobjekten nur ganz bestimmte Präpositionen (in vielen Fällen nur eine einzige) vom übergeordneten Verb (oder Adjektiv) gefordert und zulässig.

3.2.5. Besondere Glieder

Neben den bisher genannten primären Satzgliedern gibt es sekundäre Satzglieder, d. h. solche, die nicht vom Prädikat des Satzes determiniert (nur lose mit ihm verbunden) sind und nicht zur Grundstruktur gehören (vielmehr von einer anderen Grundstruktur abgeleitet sind). Man kann zwischen sekundären Gliedern zum ganzen Satz und solchen zu einzelnen Gliedern im Satz unterscheiden.

3.2.5.1. Sekundäre Satzglieder zum Satz

Als sekundäre Glieder zum ganzen Satz treten auf

– Substantiv im Dativ	*(Er trägt **seiner Mutter** das Gepäck.)*
– Modalwörter (↑ 2.11.)	*(Er hat uns **leider** nicht informiert.)*
– Präposition + Substantiv	*(Er trägt **für seine Mutter** das Gepäck.*
	***Zu unserem Bedauern** ist er nicht gekommen.)*

Beim Substantiv im Dativ handelt es sich um verschiedene Arten des „freien Dativs" (des Dativs, der nicht Objekt ist), vor allem um (vgl. HELBIG/BUSCHA [8]1984, 288ff.)

– den Dativus commodi	*(Er trägt **seiner Mutter** das Gepäck.)*
– den Dativus incommodi	*(Der Schlüssel fiel **dem Jungen** ins Wasser.)*
– den Dativ des Maßstabs	*(Er arbeitet **dem Chef** zu langsam.)*
– den ethischen Dativ	*(Falle **mir** nicht!)*

3.2.5.2. Sekundäre Satzglieder zu einzelnen Gliedern

Als sekundäres Glied zu einzelnen Gliedern treten auf

- das prädikative Attribut zum Subjekt *(Er kommt **gesund** an.)* oder zum Objekt *(Er aß die Möhren **roh.**)*, für das charakteristisch ist, daß es sich nicht nur auf das Prädikat bezieht (wie die Adverbialbestimmung), sondern zugleich – wie ein Attribut – auf das substantivische Bezugswort, zu dem es eine Art latentes Nebenprädikat ist *(← Er kommt an. Er ist gesund. ← Er aß die Möhren. Die Möhren waren roh.)*;
- der possessive Dativ, ein „freier Dativ", der nicht – wie der Objektsdativ – vom Prädikat, sondern von anderen substantivischen Gliedern abhängt, der eine Person bezeichnet, zu der ein Körperteil gehört, der seinerseits als Subjekt *(**Dem Kranken** tat **der Magen** weh.)*, als Objekt *(Der Arzt operierte **dem Kranken den Magen.**)* oder als Adverbialbestimmung *(Er sieht **seinem Freund in die Augen.**)* ausgedrückt ist.

3.3. Satzgliedstellung

Die Satzgliedstellung gilt im Deutschen als besonders kompliziert, da sie von Bedingungen verschiedener Ebenen bestimmt ist: von syntaktischen Bedingungen, von morphologischen Bedingungen und von kommunikativen Bedingungen der Sprecherintention (vgl. Helbig/Buscha [8]1984, 564ff.).

3.3.1. Syntaktische Bedingungen

3.3.1.1. Stellungstyp

Die striktesten Bedingungen für die Satzgliedstellung sind diejenigen syntaktischen Bedingungen, die den Stellungstyp festlegen und damit die Stellung des finiten Verbs und der übrigen Prädikatsteile fixieren. Nach der Stellung des *finiten Verbs* sind 3 Stellungstypen zu unterscheiden:

- Stellungstyp 1 (Zweitstellung)
- Stellungstyp 2 (Erststellung)
- Stellungstyp 3 (Endstellung)

Nach dem Stellungstyp 1 richten sich die Aussagesätze *(Er **besucht** seinen Freund.)*, die Ergänzungsfragen *(Wann **kommt** er?)* und die uneingeleiteten Objekt- und Subjektsätze *(Ich denke, er **kommt** pünktlich. Es ist besser, du **kommst** pünktlich.)*, nach dem Stellungstyp 2 die Entscheidungsfragen *(**Kommt** er heute?)*, die Imperativsätze *(**Besuche** uns morgen!)*, die uneingeleiteten Konditional- und Konzessivsätze *(**Ist** das Wetter schön, gehe ich baden. **Ist** das Wetter auch nicht schön, ich gehe doch baden.)* sowie die im Satzgefüge nachgestellten Hauptsätze *(Wenn er kommt, **freuen** wir uns.)* – hier handelt es sich freilich nur oberflächlich um Erststellung, in Wirklichkeit um Zweitstellung, da der vorangestellte Nebensatz als Satzglied aufzufassen ist –, nach dem Stellungstyp 3 die eingeleiteten Nebensätze *(Ich hoffe, daß du morgen pünktlich **kommst**.)*.

Von diesen Stellungstypen des finiten Verbs hängt die Stellung der *übrigen Prädikatsteile* ab: Bei Stellungstyp 1 und bei Stellungstyp 2 haben die übrigen Prädikatsteile (die infiniten Verbformen als grammatische Prädikatsteile, aber auch die meisten lexikalischen Prädikatsteile) Endstellung *(Er hat seinen Freund gestern **besucht**. Hat er seinen Freund gestern **besucht**?)*, bei Stellungstyp 3 stehen die übrigen Prädikatsteile an vorletzter Stelle *(..., daß er seinen Freund gestern **besucht** hat.)*.

Da bei den Stellungstypen 1 und 2 die übrigen Prädikatsteile vom finiten Verb getrennt werden, entsteht ein *verbaler Rahmen* (auch *Satzklammer* genannt), in den die meisten nicht-prädikativen Glieder eingeschlossen sind (lediglich im Stellungstyp 1 steht das erste Glied außerhalb dieses Rahmens). Bei Stellungstyp 3 gibt es – genau genommen – keinen verbalen Rahmen (weil die verbalen Teile die letzte und die vorletzte Stelle im Satz einnehmen), wohl aber einen anderen Rahmen, der eröffnet wird durch das Einleitungswort des Nebensatzes und geschlossen wird durch die zum Prädikat gehörenden Satzglieder.

Die *Rahmenbildung* ist ein Grundprinzip des deutschen Satzbaus. Als rahmenschließende Teile kommen jedoch unterschiedliche Glieder vor:

- Partizip II und Infinitiv in analytischen Verbformen
  *(Er **wurde** gestern von seinen Freunden im Krankenhaus **besucht.** Er **wird** zur Erholung an die Ostsee **fahren.**)*
- Infinitiv bei Modalverben (und modalverbähnlichen Verben)
  *(Er **soll** das neue Buch vor der Prüfung unbedingt **lesen.** Er **scheint** das Buch schon lange zu **kennen.**)*
- trennbare Teile von Verben
  *(Er **bereitet** sich im Urlaub auf die Prüfung **vor.**)*
- substantivische und adjektivische Prädikativa bei Kopulaverben
  *(Er **wird** wegen seiner mangelhaften Leistungen nicht **Schauspieler.** Er **ist** wahrscheinlich schon lange nicht mehr **gesund.**)*
- Adverbien und Präpositionalgruppen als Richtungsbestimmungen bei Verben der Ortsveränderung
  *(Er **kommt** wegen seiner vielen Reisen nur noch sehr selten **dorthin/ins Theater.**)*
- Substantivgruppen als nominale Teile von Funktionsverbgefügen
  *(Er **stellt** die Richtigkeit seiner Thesen durch das Experiment **unter Beweis.**)*
- Satznegation *nicht*
  *(Er **besuchte** den Lehrer trotz der Einladung **nicht.**).*

In der deutschen Gegenwartssprache wird der Rahmen öfters durchbrochen. Die dabei entstehende *Ausrahmung* ist entweder bereits grammatikalisiert (durch die Art der Satzglieder bedingt) oder geschieht aus stilistischen Gründen (durch die Sprecherintention bedingt). Die grammatikalisierte Ausrahmung betrifft z. B.

- Komparativbestimmungen mit *wie* oder *als*
  *(Er hat sich benommen **wie ein kleines Kind.**)*
- Nebensätze
  *(Er hat mich in das Wochenendhaus eingeladen, **das seinen Eltern gehört.**)*
- Infinitive mit *zu*
  *(Es hat aufgehört **zu regnen.**)*

Die stilistisch bedingte Ausrahmung kommt vor allem bei Präpositionalgruppen vor, die vom Sprecher besonders hervorgehoben werden *(Sie hat ihren einzigen Sohn verloren* ***in diesem furchtbaren Krieg.****)*.

3.3.1.2. Syntaktische Verbnähe

Zu den syntaktischen Bedingungen für die Satzgliedstellung gehört auch die Verbnähe der betreffenden Glieder. Im allgemeinsten Sinne stehen die dem finiten Verb syntaktisch enger verbundenen Glieder im Aussagesatz (Hauptsatz) stellungsmäßig weiter vom Verb entfernt, so daß syntaktische Verbnähe sich an der Oberfläche als topologische Verbferne reflektiert:

(1) Er hat damals nicht in Dresden gewohnt.
0 4 3 2 1

Dieses generelle Prinzip der syntaktischen Verbnähe äußert sich spezieller auch darin,

- daß die Valenzbeziehungen auf die Satzgliedstellung Einfluß nehmen und eine bestimmte Position festlegen, daß z. B. valenzgebundene Adverbialbestimmungen in der Regel hinter freien Adverbialbestimmungen stehen:

(2) Er fährt in diesem Sommer zur Erholung **an die Adria.**
(freie Temporalbestimmung + freie Finalbestimmung + valenzgebundene Lokalbestimmung)

- daß die Satzgliedart die Stellungsmöglichkeiten der valenzgebundenen Glieder weiter einschränkt, z. B. eine Reihenfolge von Subjekt – Dativobjekt – Akkusativobjekt als Normalfall gelten muß (während eine veränderte Satzgliedstellung bereits hervorhebenden Charakter hat):

(3) Heute zeigt die Lehrerin den Schülern die Dias.
(4) Heute zeigt den Schülern die Dias die Lehrerin (und nicht der Lehrer).

3.3.2. Morphologische Bedingungen

Die morphologischen Bedingungen für die Stellung der nicht-prädikativen Satzglieder engen die von den syntaktischen Bedingungen her gegebenen Stellungsmöglichkeiten weiter ein. Es handelt sich dabei um unterschiedliche Arten von morphologischen Bedingungen:

1. Repräsentation der Satzglieder durch unterschiedliche Wortklassen:
Die Stellung eines Satzgliedes kann sich verändern je nachdem, ob dieses Satzglied durch ein Substantiv oder durch ein Pronomen repräsentiert wird. So gilt

für Substantive die Reihenfolge Dativ–Akkusativ, für die entsprechenden Pronomen aber die umgekehrte Reihenfolge Akkusativ–Dativ *(Der Vater schenkte **den Kindern die Bücher.** Der Vater schenkte **sie ihnen.**).* Ist jedoch eines der beiden Glieder durch ein Pronomen, das andere durch ein Substantiv repräsentiert, so steht das Pronomen gewöhnlich vor dem Substantiv (unabhängig davon, ob Akkusativ oder Dativ) *(Der Vater schenkte **ihnen** die Bücher. Der Vater schenkte **sie** den Kindern.).*

2. Repräsentation der Satzglieder durch unterschiedliche Formen:
Die im Präpositionalkasus stehenden Satzglieder nehmen ihren Platz gewöhnlich nach den in reinen Kasus stehenden Satzgliedern ein *(Die Sekretärin legt dem Chef die Briefe **zur Unterschrift** vor.).*

3. Artikelgebrauch beim Substantiv:
Substantive mit unbestimmtem Artikel oder Nullartikel stehen in der Regel am Satzende:

(1) Ich schenke dem Kind **ein Buch.** – Ich schenke das Buch **einem Kind.**
(2) Er borgt den Freunden **Bücher.** – Er borgt die Bücher **Freunden.**

Diese Beispiele zeigen zugleich, daß mehrere der genannten Regeln zusammenwirken (und sich gegenseitig auch außer Kraft setzen können) (in diesem Fall wird 1. außer Kraft gesetzt, der Akkusativ tritt vor den Dativ).

3.3.3. Kommunikative Bedingungen der Sprecherintention

Durch die Sprecherintention werden die syntaktischen und morphologischen Regularitäten der Satzgliedstellung teils eingehalten (neutrale Satzgliedstellung oder Normalstellung), teils aber auch modifiziert (hervorhebende Satzgliedstellung). Die kommunikativen Regularitäten betreffen – wie die morphologischen, aber im Unterschied zu den syntaktischen Bedingungen – vor allem den nichtprädikativen Bereich und lassen sich auf zwei Grundfunktionen zurückführen:

- auf die Funktion der *Satzverflechtung*: Am Satzanfang bzw. im vorderen Teil des Satzes stehen die Glieder (vor allem Subjekt und verschiedene Adverbialbestimmungen, aber auch Objekte und sekundäre Satzglieder), die den Anschluß an den vorhergehenden Satz herzustellen haben:

  (1) Peter war im Urlaub in Spanien. Dort hat er sich gut erholt.

- auf die Funktion der Differenzierung des *Mitteilungswertes* der Satzglieder: Das Satzglied mit dem geringsten Mitteilungswert (das Bekannte, über das etwas ausgesagt werden soll, das „Thema") steht am weitesten vorn, das Satzglied mit dem höchsten Mitteilungswert (das Neue, das den Kern der Aussage enthält, das „Rhema") möglichst weit am Ende des Satzes (natürlich vor den letzten grammatisch besetzten Positionen). Man spricht auch von Thema-Rhema-Gliederung des Satzes (oder „funktionaler Satzperspektive"), die jedoch nicht die einzige Bedingung für die Satzgliedstellung im Deutschen ist. In manchen Fällen wirken die unterschiedlichen Funktionen in der gleichen Richtung: Pronomina als Objekte z. B. stehen nicht nur vorn, weil sie einen geringeren Mitteilungswert haben (Bekanntes ausdrücken), sondern auch, weil sie den Anschluß an den vorhergehenden Satz herstellen (Mittel der Satzverflechtung sind).

Die neutrale Satzgliedstellung ist charakterisiert durch solche Stellungsregularitäten, die von der Sprechergemeinschaft allgemein akzeptiert werden. Der Einzelsprecher kann diese Regeln in verschiedener Weise modifizieren. Zum Zwecke der Hervorhebung können verschiedene Stellungsregularitäten (sogar die syntaktischen, z. B. die Endstellung des grammatischen Prädikatsteils) aufgehoben werden, die von ihnen ausgeübten Funktionen werden dann von anderen Sprachmitteln (z. B. Intonation) übernommen:

(2) Morgen wird er den Brief **schreiben.**
(2a) **Schréiben** wird er den Brief morgen.

3.4. Attribut

3.4.1. Attribut und Satzglieder

Das Attribut (früher oft als 5. Satzglied neben Prädikat, Subjekt, Objekt und Adverbialbestimmung angesehen) unterscheidet sich in zweifacher Hinsicht von den Satzgliedern:

- Während die Satzglieder im Satz allein verschiebbar sind (↑ 3.1.2.), kann das Attribut in der Regel nur zusammen mit seinem Bezugswort (dem Satzglied, zu dem es gehört) verschoben werden. Es ist deshalb kein selbständiges Satzglied, sondern nur Gliedteil (oder „Binnenglied"):

(1a) **Er** beantwortet den Brief heute. (Subjekt)
(1b) **Heute** beantwortet den Brief. (Adverbialbestimmung)
(1c) **Den Brief** beantwortet er heute. (Objekt)
(2a) Er beantwortet den Brief des Freundes heute.
(2b) *Des Freundes beantwortet er den Brief heute.
(2c) Den Brief **des Freundes** beantwortet er heute. (Attribut)

– Das Attribut ist eine potentielle Prädikation und läßt sich folglich auf eine prädikative Grundstruktur zurückführen, ist eine potentielle Prädikation zu einem Wort, das nicht Verb, sondern in der Regel Substantiv ist, bezieht sich also nicht auf den gesamten Satz):

(3) die Hoffnung **der Urlauber auf gutes Wetter**
← **Die Urlauber** hoffen **auf gutes Wetter.**
(4) der **feste** Schlaf **des Kindes**
← **Das Kind** schläft. Der Schlaf ist **fest.**

Folglich erweisen sich die Attribute in (3) in der zugrunde liegenden Struktur als Subjekt und Objekt, in (4) als Subjekt und Prädikativ. Erst bei der Nominalisierung werden sie in der Oberflächenstruktur zu Attributen.

3.4.2. Stellung und morphologische Repräsentationsformen des Attributs

Man unterscheidet *vorangestellte* Attribute (Adjektive und Partizipien) und *nachgestellte* Attribute (Adverbien, Substantive im Genitiv oder im Präpositionalkasus, Infinitive mit *zu* und Attributsätze).

1. *Adjektivische Attribute* gehen in der Regel auf einen *sein*-Satz zurück *(das gesunde Kind ← Das Kind ist gesund.)*. Es gibt jedoch auch Adjektive (die nur attributiv verwendet werden können; ↑ 2.4.1.2., 1.), die auf speziellere Prädikationen zurückgeführt werden müssen *(der bulgarische Wein ← Der Wein ist aus Bulgarien.)*.

2. Die *partizipialen Attribute* bieten ein differenzierteres Bild, da sie auf unterschiedliche Weise syntaktisch abgeleitet werden müssen. Die attributiven Partizipien I gehen zurück auf das Präsens Aktiv von transitiven, intransitiven oder reflexiven Verben *(das lesende Kind ← Das Kind liest.; das sich waschende Kind ← Das Kind wäscht sich.)* oder auf Modalverbverbindungen *(die anzuerkennende Leistung ← Die Leistung ist anzuerkennen. ← Die Leistung muß (kann) anerkannt werden.)*. Die attributiven Partizipien II gehen zurück auf das Vorgangs- bzw. Zustandspassiv *(der gelobte Schüler ← Der Schüler ist gelobt worden.; das geöffnete Fenster ← Das Fenster ist geöffnet. ← Das Fenster ist geöffnet worden.)*, auf das Zustandsreflexivum und eine zugrundeliegende reflexive Konstruktion (bzw. reflexives Verb) *(das gewaschene Kind ← Das Kind ist gewaschen. ← Das Kind hat sich gewaschen.; das erkältete Kind ← Das Kind ist erkältet. ← Das Kind hat sich erkältet.)* oder auf das Perfekt Aktiv von perfektiven intransitiven Verben *(die verblühte Blume ← Die Blume ist verblüht.)*.

3. *Genitivischen Attributen* liegen verschiedene Arten von Prädikationen (und damit auch verschiedene inhaltliche Beziehungen) zugrunde:

- Genitivus possessivus bzw. Genitiv der Zugehörigkeit (= Haben-Verhältnis) *(das Auto meines Onkels ← Mein Onkel hat ein Auto.)*
- Genitivus definitivus (= Sein-Verhältnis) *(Die Pflicht der Ehrlichkeit ← Die Ehrlichkeit ist eine Pflicht.)*
- Genitivus explicativus (= Bedeuten-Verhältnis) *(Der Strahl der Hoffnung ← Der Strahl bedeutet Hoffnung.)*
- Genitivus partitivus (= Teil-von-Verhältnis) *(Die Finger der Hand ← Die Finger sind Teil von der Hand.)*
- Genitivus subjectivus (= Subjekt-Prädikat-Verhältnis) *(die Zustimmung des Lehrers ← Der Lehrer stimmt zu.)*
- Genitivus objectivus (= Objekt-Prädikat-Verhältnis) *(das Lesen des Buches ← Der Schüler liest das Buch.)*
- Genitiv des Eigenschaftsträgers (= Sein-Verhältnis; im Prädikativ steht Adjektiv) *(die Größe des Zimmers (von 20m^2) ← Das Zimmer ist (20m^2) groß.)*
- Genitiv der Eigenschaft (= Kennzeichnen-Verhältnis) *(ein Mann der Vernunft ← Vernunft kennzeichnet den Mann.)*
- Genitiv auctoris (= Verhältnis des Schaffens) *(das Werk des Dichters ← Der Dichter hat das Werk geschaffen.)*
- Genitiv des Produkts (= Verhältnis des Geschaffen-Seins) *(der Dichter des Werkes ← Das Werk ist Produkt des Dichters.)*
- Genitiv des dargestellten Gegenstands (Darstellen-Verhältnis) *(das Bild der Landschaft ← Das Bild stellt die Landschaft dar.)*

Die Vielfältigkeit der Beziehungen, die der attributive Genitiv ausdrücken kann (indem er die semantischen Beziehungen neutralisiert), bringt es mit sich, daß manchmal mehrdeutige Äußerungen entstehen: So kann die Äußerung *das Bild Goethes* z. B. Goethe als Besitzer, als Schöpfer (Autor) oder als den auf dem Bild dargestellten Gegenstand bezeichnen.

4. Auch den *präpositionalen Attributen* (substantivischen Attributen im Präpositionalkasus) liegen verschiedenartige Beziehungen zugrunde:

- Objektsbeziehungen *(die Teilnahme der Schüler an der Sportveranstaltung ← Die Schüler nehmen an der Sportveranstaltung teil.)*

- adverbiale Beziehungen unterschiedlicher Art, z. B. lokale *(das Haus am Waldrand ← Das Haus befindet sich (steht) am Waldrand.)*, temporale *(die Abfahrt am frühen Morgen ← Der Zug fährt am frühen Morgen ab.)*, modale *(die Antwort in der Erregung ← Er hat in der Erregung geantwortet.)*, solche von Maß- und Wertangaben *(die Briefmarke für 50 Pfennig ← Die Briefmarke kostet 50 Pfennig.)* oder der stofflichen Herkunft *(Getränke aus Milch ← Die Getränke sind aus Milch hergestellt.)*.

Eine besondere Rolle unter den präpositionalen Attributen spielen die mit der Präposition *von,* da sie als Ersatzform des Genitivs auch verschiedene inhaltliche Beziehungen des Genitivattributs ausdrücken können (das Bild *von Goethe*). Der Präpositionalkasus mit *von* wird dann statt des Genitivs verwendet, wenn dieser formal nicht deutlich wird *(*die Parks Paris' → die Parks von Paris)*, wird aber auch in anderen Fällen – fakultativ – gebraucht *(das Bild Dürers/ das Bild von Dürer)*.

5. *Adverbiale Attribute* gehen – wie adjektivische Attribute – auf einen *sein*-Satz zurück, sind aber – im Unterschied zu ihnen – nur sehr beschränkt möglich, da nur eine beschränkte Zahl ursprünglicher Adverbien mit temporaler oder lokaler Bedeutung überhaupt attribuierbar ist, die Attribuierung von Adverbien eher als Ausnahme zu gelten hat *(das Haus **dort**; die Versammlung **heute**)*.

6. Zu Infinitivkonstruktionen attributiven Charakters ↑ 3.6.3.1., zu attributiven Nebensätzen ↑ 3.6.2.2.

3.4.3. Mehrgliedrige Attribute

3.4.3.1. Mehrgliedrige adjektivische (und partizipiale) Attribute

Die adjektivischen (und partizipialen) Attribute können durch zusätzliche Glieder erweitert werden, die aus der prädikativen Form übernommen sind (von der sie ableitbar sind) (vgl. HELBIG/BUSCHA [8]1984, 599ff.). Dabei entsteht ein „*nominaler* Rahmen", der von dem Artikelwort eingeleitet wird und für das Deutsche typisch ist. Diese Erweiterungsglieder können sein

- valenzgebunden *(**das** auf den Tisch gelegte **Buch**)*
- nicht-valenzgebunden (frei) *(**der** heute pünktlich angekommene **Zug**)*

Syntaktisch kann dieser Rahmen beliebig erweitert werden, er hat jedoch (durch die Verträglichkeit) semantische und (durch die Verständlichkeit) kommunikative Grenzen:

(1) das / auf der Dresdener Kunstausstellung / wegen seiner Maltechnik / von vielen Betrachtern / immer wieder / gelobte / Bild

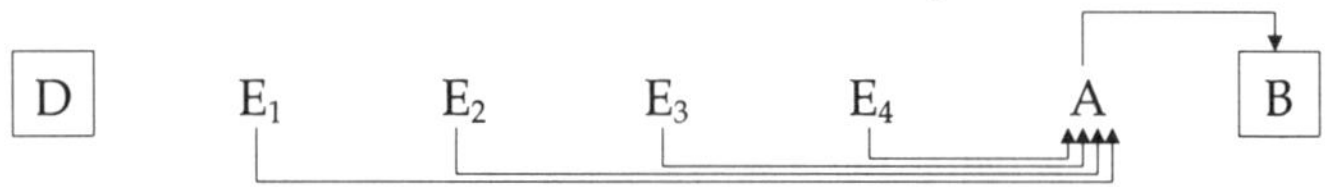

(Dabei bedeuten: B = Bezugswort, A = Attribut, E = Erweiterungsglied, D = Artikel)

Der Rahmen bei (1) kann aufgelöst werden über einen Relativsatz *(das Bild, das auf der Dresdener Kunstausstellung … gelobt worden ist)* in einen Hauptsatz *(Das Bild ist auf der Dresdener Kunstausstellung … gelobt worden)*. Das Schema von (1) zeigt, daß die Erweiterungsglieder in einem *koordinativen* Verhältnis zueinander stehen (d. h. sich in gleicher Weise auf A beziehen). Es gibt jedoch auch *subordinative* Beziehungen im nominalen Rahmen, wenn z. B. ein semantisches Erweiterungsglied (E_1) seinerseits zum Bezugswort (B_2) eines adjektivischen Attributs (A_2) wird und dieses ein Erweiterungsglied (E_2) hat:

(2) das / wegen / der / vom Maler / angewandten / Maltechnik / gelobte / Bild

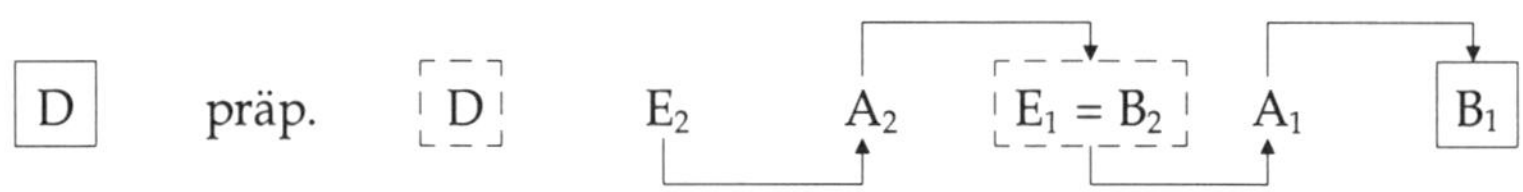

Solche erweiterten Attribute führen bisweilen zu einem komplizierten und schwer durchschaubaren Rahmenbau.

Von solchen *„Erweiterungen"* (bei denen das Attribut zusätzliche Glieder aufnimmt) sind *„Verbindungen"* zu unterscheiden (bei denen das substantivische Bezugswort Attribute aufnimmt). Erweiterung ist eine Eigenschaft des Attributs, Verbindung (primär) eine Eigenschaft des Bezugsworts. Bei der Verbindung ist wiederum ein koordinatives und ein subordinatives Verhältnis der verschiedenen Attribute zueinander möglich. Im Vergleich zur Erweiterung:

(3) der gut gekleidete Mann

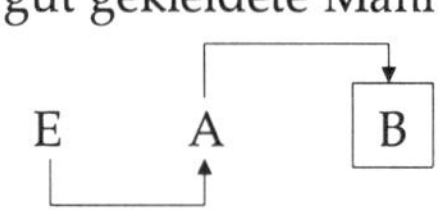

(Erweiterung des Attributs)

(4) ein kleines, dunkles Zimmer

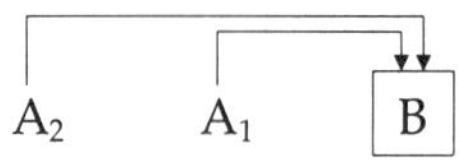

(koordinierende Verbindung von Attributen)

(5) ein interessanter englischer Film

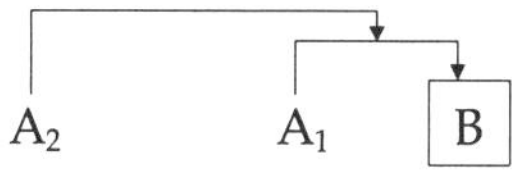

(subordinierende Verbindung von Attributen)

Auch bei der Verbindung mehrerer adjektivischer (oder partizipialer) Attribute entsteht somit ein nominaler Rahmen. Die koordinierende und die subordinierende Verbindung lassen sich operationell dadurch unterscheiden, daß nur bei ersterer eine koordinative Verbindung mit *und* und eine Umstellung in der Wortstellung möglich sind *(ein kleines und dunkles Zimmer – ein dunkles, kleines Zimmer; *ein interessanter und englischer Film – *ein englischer interessanter Film).* Bei Subordination steht das untergeordnete vor dem übergeordneten Glied.

3.4.3.2. Mehrgliedrige substantivische Attribute

Auch beim substantivischen Attribut (als Genitiv oder als Präpositionalgruppe) gibt es Mehrgliedrigkeit, kann man zwischen einer koordinativen und einer subordinativen Mehrgliedrigkeit unterscheiden:

– Koordination:

(1) die Muskeln der Arme, der Beine und des Halses
(Genitivattribute)

(2) die Wanderung zur Weinlese nach Freyburg ins Tal
(Präpositionalattribute)

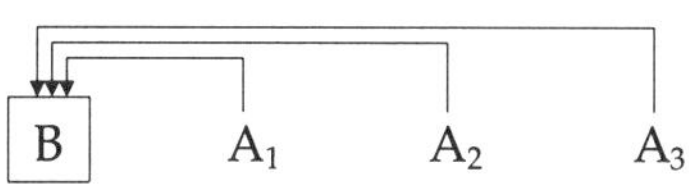

– Subordination:

(3) die Diskussion der Tagesordnung der Konferenz der Außenminister
(Genitivattribute)

(4) die Hoffnung auf seinen Verzicht auf die Reise ins Ausland
(Präpositionalattribute)

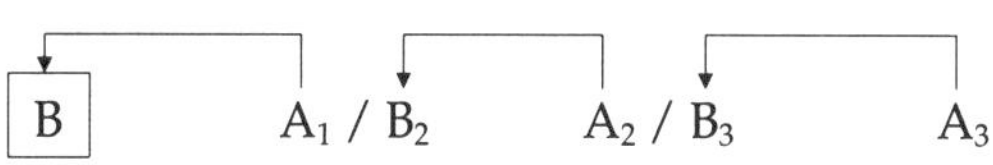

Bei der Koordination ist die Stellung der einzelnen Attribute syntaktisch frei, bei der Subordination steht das untergeordnete Attribut stets nach dem übergeordneten Attribut. Im konkreten Satz treten Genitiv- und Präpositionalattribute häufig miteinander verbunden auf (dann steht der Präpositionalkasus nach dem Genitiv), ebenso wechseln Koordination und Subordination vielfach miteinander ab (so daß die Regel, daß der Präpositionalkasus nach dem Genitiv steht, aufgehoben werden muß auf Grund der stärkeren Regel, daß bei Subordination das untergeordnete nach dem übergeordneten Attribut steht):

(5) die Wanderung der Familie zur Weinlese nach Freyburg
(6) *die Wanderung zur Weinlese nach Freyburg der Familie
(7) die Hoffnung auf einen Verzicht der Familie auf die Reise

Da mehrgliedrige substantivische Attribute zusätzlich noch durch (mehrgliedrige) adjektivische Attribute erweitert werden können, können schwer überschaubare Sätze zustande kommen (die mitunter einer Auflösung in die zugrunde liegenden Prädikate bedürfen).

3.4.4. Apposition

Die Apposition ist eine Art Attribut. Sie zeichnet sich durch folgende Merkmale aus (vgl. MOTSCH in: SYNTAKTISCHE STUDIEN, 1965, 87ff.; HELBIG 1973b, 16f.; HELBIG/BUSCHA [8]1984, 606):

- Sie ist referenzidentisch mit ihrem Bezugswort, d. h. Apposition und Bezugswort beziehen sich auf den gleichen Sachverhalt der Realität, die Apposition hat keinen eigenen Referenten in der Wirklichkeit (semantisch).
- Sie ist in der Regel ein reduzierter Kopulasatz und kann auf einen solchen zurückgeführt werden (folglich bestehen auch die gleichen Selektionsbeziehungen wie zwischen Subjekt und Prädikativ des entsprechenden zugrunde liegenden Kopulasatzes) (syntaktische Grundstruktur).
- Sie ist immer weglaßbar und an die Stelle ihres Bezugswortes im Satz substituierbar (wenn auch z. T. mit Wechsel des Artikels) (oberflächensyntaktisch).
- Sie wird durch ein Substantiv repräsentiert, das in der Regel im Kasus mit dem Bezugswort identisch ist (morphologisch).

Es wird zumeist zwischen einer engen und einer lockeren Apposition unterschieden, eine Unterscheidung, die allerdings umstritten ist wie der Umfang des Appositionsbegriffes überhaupt: Manche Autoren (vgl. EISENBERG 1986, 243) behandeln unter dem Stichwort „Apposition" nur die enge Apposition, andere (vgl. ENGEL in: VOR-SÄTZE 1986, 187ff.) schließen gerade diese aus dem Kreis der Apposition aus. Die genannten Gemeinsamkeiten rechtfertigen jedoch einerseits ihre Zusammengehörigkeit, machen aber andererseits ihre (sekundäre) Differenzierung notwendig (vgl. HELBIG 1990).

3.4.4.1. Lockere Apposition

Die lockere Apposition wird durch Kommas vom Bezugswort abgetrennt, ist immer dem Bezugswort nachgestellt und stimmt in der Regel im Kasus mit dem Bezugswort überein *(Herr Professor Schall, Ärztlicher Direktor des Stadtkrankenhauses – der Vortrag Herrn Professor Schalls, des Ärztlichen Direktors des Stadtkrankenhauses).* Manchmal fehlt jedoch auch die Kasuskongruenz, steht der Nominativ oder bei Datumsangaben der Akkusativ *(der Vortrag Herrn Professor Schalls, Ärztlicher Direktor des Stadtkrankenhauses – am Sonnabend, dem (auch: den) 7. September 1980).*

3.4.4.2. Enge Apposition

Die enge Apposition wird nicht durch Kommas vom Bezugswort abgetrennt, kann vor oder nach dem Bezugswort stehen und ist morphologisch nicht gekennzeichnet. Als enge Apposition sind zu verstehen

- Vornamen (stehen vor dem Bezugswort, das Familienname oder zweiter Vorname ist)
  *(**Heinrich** Mann, **Johann** Sebastian)*
- Verwandtschaftbezeichnungen, Berufsbezeichnungen, Titel, Anredeformen (stehen vor dem Bezugswort, das Personenbezeichnung ist)
  *(**Onkel** Gerhard, **Klempnermeister** Schulze, **Professor** Schmidt, **Herr** Meier)*
- Personennamen (stehen nach dem Bezugswort, das Verwandtschaftsbezeichnung, Berufsbezeichnung, Titel oder Anredeform mit einem anderen Artikelwort als dem Nullartikel ist)
  *(mein Onkel **Gerhard,** der Klempnermeister **Schulze,** Professor **Schmidt,** Herr **Meier**)*
- Sachnamen (stehen nach dem Bezugswort, das ein Gattungsname ist)
  *(das Land **Sachsen,** das Hotel **„Stadt Erfurt",** der Monat **Juli**).*

Der Umstand, daß die enge Apposition nicht durch Kommas abgetrennt ist, auch weder durch die Stellung festgelegt noch morphologisch (durch die Übereinstimmung im Kasus mit dem Bezugswort) gekennzeichnet ist, erschwert bisweilen die Beantwortung der Frage, welches Glied als Apposition und welches Glied als Bezugswort aufzufassen ist. In der Regel läßt sich diese Frage entscheiden

- durch die Überführung in abhängige Kasus (z. B. den Genitiv), die deutlich macht, daß immer das Bezugswort (nicht die Apposition) das Kasuskennzeichen trägt und auf diese Weise die gesamte Substantivgruppe nach außen hin repräsentiert *(z. B. Heinrich Mann**s**, Onkel Gerhard**s**, meines Onkel**s** Gerhard, des Lande**s** Sachsen).* Das Auftreten des Artikel(wort)s in *Onkel Gerhard – mein (der) Onkel Gerhard* bewirkt also ein Umkippen der Abhängigkeitsverhältnisse (zwischen Apposition und Bezugswort). Das früher oft für die Apposition als zentral genannte Merkmal der Kasusübereinstimmung darf folglich nicht verabsolutiert werden, weil es für die enge Apposition nicht zutrifft:

(1) das Wartezimmer des Arztes **Paul**
(Apposition, aber keine Kasusübereinstimmung)

(2) das Wartezimmer des Arztes **Pauls**
(Kasusübereinstimmung, aber keine Apposition)

- durch die Anaphorisierbarkeit, d. h. die Wiederaufnahme durch ein Pronomen (nur beim Bezugswort, nicht bei der von ihm abhängigen Apposition möglich)

(3a) Lehrling Martina, **die** heute **ihren** Geburtstag feiert ...
(3b) *Lehrling Martina, **der** heute **seinen** Geburtstag feiert ...
(3c) der Lehrling Martina, **der** heute **seinen** Geburtstag feiert ...
(3d) *der Lehrling Martina, **die** heute **ihren** Geburtstag feiert ...

3.5. Satzmodelle

Satzmodelle sind Grundstrukturen des Satzes, die sich ergeben aus dem Versuch, die unbegrenzte Zahl von möglichen Sätzen einer Sprache auf eine begrenzte Zahl von Modellen zurückzuführen. Sie enthalten nicht alle im Satz vorkommenden oder irgendwie möglichen Glieder, sondern nur die Glieder, die durch die syntaktische Valenz (↑ 2.2.1.2., 6.) an das Verb bzw. Adjektiv gebunden sind (morphosyntaktische Satzmodelle) bzw. als semantische Kasus (↑ 2.3.3.3., 2.) vom Prädikat gefordert werden (semantische Satzmodelle).

3.5.1. Morphosyntaktische Satzmodelle

Da das Verb das Zentrum des deutschen Satzes ist, muß es als Haupt-Valenzträger im Satz angesehen werden. Es legt durch seinen Stellenplan die Zahl und Art der Leerstellen fest, die besetzt werden müssen (obligatorische Aktanten bzw. Ergänzungen) oder können (fakultative Aktanten bzw. Ergänzungen). Diese Ergänzungen (E) werden repräsentiert durch bestimmte Wortklassen (und Formen), die bestimmte Satzglieder vertreten. Daraus ergeben sich folgende Satzmodelle mit obligatorischen E (auf eine noch weitergehende Auflistung der Satzmodelle unter Einschluß auch der fakultativen E wird hier verzichtet; vgl. dazu Helbig/Buscha [8]1984, 625ff.). Es werden dabei folgende Abkürzungen verwendet: V = Verb, E = Ergänzung, Aktant (durchnumeriert als E_1, E_2 usw.), Sn = Substantiv im Nominativ (als Subjekt), Sn_P = Substantiv im Nominativ (als Prädikativ), Sa = Substantiv im Akkusativ (als Objekt), Sa_A =

Substantiv im Akkusativ (als Adverbialbestimmung), Sa_P = Substantiv im Akkusativ (als Prädikativ), Sd = Substantiv im Dativ, Sg = Substantiv im Genitiv, pS = Präposition + Substantiv (als Objekt), pS_A = Präposition + Substantiv (als Adverbialbestimmung), pS_p = Präposition + Substantiv (als Prädikativ), Adj_P = Adjektiv (als Prädikativ), pAdj = Präposition + Adjektiv (als Adverbialbestimmung), $pAdj_P$ = Präposition + Adjektiv (als Prädikativ), NS = Nebensatz (als Objekt), NS_S = Nebensatz (als Subjekt), Inf_{zu} = Infinitiv mit *zu* (als Objekt), Inf_{zuS} = Infinitiv mit *zu* (als Subjekt), Inf = Infinitiv ohne *zu*.

– Verben ohne Ergänzungen:

[V]

(1) Es blitzt.

– Verben mit 1 obligatorischen Ergänzung:

[E_1] – [V]

(2)	Sn	Die Pflanze geht ein.
(3)	Sa	Den Jungen friert.
(4)	Sd	Es graut dem Kind.
(5)	pS	Es geht um eine wichtige Frage.
(6)	Adj	Es geht lustig zu.
(7)	NS_S	Es heißt, daß der Schauspieler gestorben ist.
(8)	Inf_{zuS}	Anzuklopfen gehört sich.

– Verben mit 2 obligatorischen Ergänzungen:

[E_1] – [V] – [E_2]

(9)	Sn, Sa	Der Direktor erwartet seine Gäste.
(10)	Sn, Sd	Das Gebäude gehört der Universität.
(11)	Sn, Sg	Die Klasse gedachte des verstorbenen Schülers.
(12)	Sn, pS	Der Dozent verweist auf das neue Buch.
(13)	Sn, pS_A	Der Arzt wohnt in Leipzig.
(14)	Sn, Sn_P	Das Mädchen wird Lehrerin.
(15)	Sn, Adj_P	Der Chefarzt ist krank.
(16)	Sn, pS_P	Er wird zum Verräter.
(17)	Sn, pAdj	Die Kritik geht zu weit.
(18)	Sn, Sa_A	Die Versammlung dauerte zwei Stunden.
(19)	Sn, NS	Der Arzt findet, daß der Patient besser aussieht.
(20)	Sn, Inf_{zu}	Das Pferd droht zusammenzubrechen.
(21)	Sn, Inf	Das Mädchen geht einkaufen.
(22)	NS_S, Sa	Daß er nicht kommt, ärgert den Lehrer.

(23)	NS_S, Sd	Es gefällt ihm, daß er eingeladen wird.
(24)	NS_S, Sg	Daß er in Dresden war, bedarf keines Beweises.
(25)	NS_S, pS	Aus den Menschenrechten folgt, daß er seinen Wohnsitz frei wählen kann.
(26)	NS_S, Adj_P	Daß er kommt, ist bekannt.
(27)	Inf_{zuS}, Sa	Es freut den Arzt, seinen Geburtsort wiederzusehen.
(28)	Inf_{zuS}, Sd	Es gefällt mir, eingeladen zu werden.
(29)	Inf_{zuS}, Adj_P	Ihn zu sehen ist wichtig.
(30)	Sa, pS	Den Kranken verlangt nach Ruhe.
(31)	Sd, Adj	Dem Patienten geht es gut.

– Verben mit 3 obligatorischen Ergänzungen:

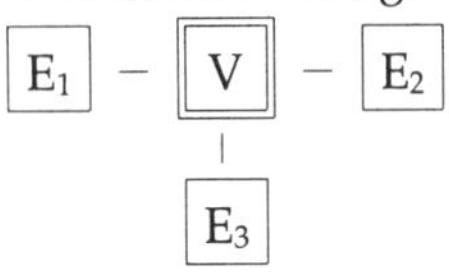

(32)	Sn, Sa, Sa_P	Der Meister nannte die Frau eine gute Arbeiterin.
(33)	Sn, Sa, Adj_P	Der Lehrer nennt den Schüler fleißig.
(34)	Sn, Sa, $pAdj_P$	Der Lehrer hält den Schüler für fleißig.
(35)	Sn, Sa, pS_P	Der Direktor hält den Lehrer für einen guten Mathematiker.
(36)	Sn, Sa, Sd	Der Hund brachte dem Mann eine Verletzung bei.
(37)	Sn, Sa, Sg	Sie bezichtigt den Nachbarn der Lüge.
(38)	Sn, Sa, pS_A	Der Lehrer legt das Buch auf den Tisch.
(39)	Sn, Sa, NS	Die Mutter gewöhnt die Kinder daran, daß sie zeitig aufstehen.
(40)	Sn, Sa, Inf_{zu}	Die Mutter gewöhnt die Kinder daran, zeitig aufzustehen.
(41)	Sn, Sa, Inf	Die Mutter legt das Kind schlafen.
(42)	Sn, Sd, Adj	Das Rauchen bekommt ihm schlecht.
(43)	Sn, Sd, NS	Er bringt den Studenten bei, wie sie einen Zahn extrahieren sollen.
(44)	Sn, Sd, Inf_{zu}	Er bringt den Studenten bei, einen Zahn zu extrahieren.
(45)	Sn, Adj, Inf	Der Mann hat gut reden.
(46)	Sn, Sa, pS	Der Polizist hindert den Einbrecher an der Flucht.
(47)	Sn, $pAdj_P$, NS	Er hält es für notwendig, daß sie operiert wird.
(48)	Sn, $pAdj_P$, Inf_{zu}	Gute Ärzte auszubilden, halten wir für nötig.
(49)	Sn, pS_P, NS	Er hält es für eine Notwendigkeit, daß sie operiert wird.
(50)	Sn, pS_P, Inf_{zu}	Er hält es für eine Notwendigkeit, sie zu operieren.

Das prädikative Adjektiv erscheint in Kopulasätzen zwar als Ergänzung (E) zum Verb (als Haupt-Valenzträger), kann aber selbst – als sekundärer Valenzträger – Ergänzungen zu sich nehmen. Daraus ergeben sich weitere Satzmodelle (wieder beschränkt auf die obligatorischen E):

– Adjektive ohne Aktanten:

Adj_p

(51)		Es ist neblig.

– Adjektive mit 1 obligatorischen Ergänzung:

E_1 – Adj_p

(52)	Sn	Der Sportler ist charakterfest.
(53)	Sd	Dem Jungen ist schwindlig.
(54)	NS_S	Ob er kommt, ist fraglich.
(55)	Inf_{zuS}	Ihn zu treffen ist schwierig.

– Adjektive mit 2 obligatorischen Ergänzungen:

E_1 – Adj_p – E_2

(56)	Sn, Sa	Er ist schwere Arbeit gewöhnt.
(57)	Sn, Sg	Er ist der Landessprache nicht mächtig.
(58)	Sn, Sd	Diese Lösung ist allen Beteiligten genehm.
(59)	Sn, pS	Er ist mit seinem Chef befreundet.
(60)	Sn, pS_A	Der Künstler ist in Hamburg ansässig.
(61)	NS_S, Sd	Was er sagt, ist ihr einerlei.
(62)	Sn, Adj	Der Lehrer ist gut gelaunt.

– Adjektive mit 3 obligatorischen Ergänzungen:

E_1 – Adj_p – E_2
|
E_3

(63)	Sn, Sa_A, pS	Seine Arbeitsstelle ist 20 km von der Wohnung entfernt.
(64)	Sn, Sa, Sd	Er ist seinen Kollegen eine Antwort schuldig.

Diese Auflistung der morphosyntaktischen Satzmodelle geht ausschließlich von Oberflächengliedern (Wortklassen und -formen sowie Satzgliedern) aus und besagt nichts über die semantischen Beziehungen (z. B. der Synonymie) zwischen den einzelnen Modellen (vgl. z. B. (39) und (40), (47), (49) und (50)). Überhaupt geben morphosyntaktische Satzmodelle noch keinen direkten Aufschluß über den Inhalt eines Satzes; dieser ist vielmehr von der lexikalischen Füllung der morphosyntaktischen Modelle abhängig, von den semantischen Funktionen, die die einzelnen Satzglieder ausüben (daraus ergeben sich die semantischen Satzmodelle). Früher hat man versucht, die morphosyntaktischen Satzmodelle in direkter Weise inhaltlich zu interpretieren (z. B. Sn V Sa als „Handlungssatz", Sn V als „Vorgangssatz") und von „logisch-grammatischen Satztypen" zu sprechen (vgl. ADMONI ^{2}1966, 229ff.). Diese Versuche müssen jedoch in Frage gestellt werden, weil sie eine nicht vorhandene Parallelität von morphosyntaktischer Struktur und Bedeutung voraussetzen und von der lexikalischen Füllung absehen, weil die Semantik der Satzmodelle *nicht direkt* mit der Oberflächenstruktur verbunden (und aus ihr ableitbar) ist (vgl. MOSKALSKAJA 1974, 36ff., 138f.; HELBIG 1982, 66ff.).

3.5.2. Semantische Satzmodelle

Die semantischen Satzmodelle ergeben sich aus der semantischen Valenz, d. h. aus der Fähigkeit von Prädikaten, durch ihre Bedeutungsstruktur bestimmte Leerstellen zu eröffnen, die durch semantische Kasus (↑ 2.3.3.3., 2.) zu besetzen sind. Nach der *Zahl* dieser (semantischen) Leerstellen werden unterschieden
- determinierende Sätze mit nur *einem* semantischen Kasus (also: P(x))
- relationale Sätze mit *mehreren* semantischen Kasus (also: P(x,y,z)).

Eine weitere Differenzierung ergibt sich aus der *Art* der semantischen Kasus (wie z. B. Agens, Patiens, Resultat, Adressat, Instrumental, Lokativ), die von dem betreffenden Prädikat gefordert werden. Solche semantischen Satzmodelle sind z. B. (wir beschränken uns auf wenige Illustrationsbeispiele):

(1) Prädikat, Agens, Patiens
Die Mutter wäscht die Hemden.
(2) Prädikat, Agens, Adressat
Er hilft seiner Mutter.
(3) Prädikat, Agens, Resultat
Der Betrieb produziert optische Geräte.
(4) Prädikat, Lokativ
Die Stadt ist ruhig.
(5) Prädikat, Agens, Patiens, Lokativ
Er legt das Hemd in den Schrank.

(6) Prädikat, Agens, Lokativ
Er betritt das Zimmer.
(7) Prädikat, Agens, Lokativ, Instrumental
Er fährt mit dem Zug nach Wien.
(8) Prädikat, Agens, Patiens, Instrumental
Er schneidet das Brot mit dem Messer.
(9) Prädikat, Patiens, Instrumental
Das Messer schneidet das Brot.
(10) Prädikat, Agens, Patiens, Adressat
Er gab seinem Vater das Buch.

Da es keine direkte Entsprechung von morphosyntaktischen und semantischen Satzmodellen gibt, ist es nicht verwunderlich, daß *einem* morphosyntaktischen Modell *mehrere* semantische Modelle zugeordnet werden können (so können z. B. mit dem syntaktischen Modell (9) – bestehend aus Sn und Sa – die angegebenen semantischen Modelle (1), (3), (6) und (9) ausgedrückt werden) und umgekehrt (das semantische Modell (10) kann z. B. in Form der syntaktischen Modelle (36) oder (46), das semantische Modell (6) in Form der syntaktischen Modelle (9) oder (38) ausgedrückt werden). Dies bedeutet nicht, daß die Beziehungen zwischen den morphosyntaktischen und den semantischen Satzmodellen beliebig sind. Sie sind regulär, aber sehr kompliziert und noch nicht vollständig erforscht. Sicher ist, daß es typische und besonders häufige Zuordnungen gibt, z. B. zwischen Agens und Subjekt, zwischen Patiens und Objekt, Lokativ und Präpositionalgruppe.

3.6. Der komplexe (zusammengesetzte) Satz

Komplexe (oder zusammengesetzte) Sätze entstehen durch die Zusammenfügung mehrerer Teilsätze entweder durch *koordinative* (Nebenordnung) oder *subordinative* Verbindung (Unterordnung).

3.6.1. Koordinative Verbindung

Wenn durch koordinative Verbindung mehrere Hauptsätze zu einem komplexen Satz zusammengefügt werden, entsteht eine *Satzverbindung.*

3.6.1.1. Formen der Koordination in der Satzverbindung

Die Teile der Satzverbindung können verknüpft sein

- asyndetisch, d. h. ohne formales Verknüpfungszeichen (Konjunktion, Konjunktionaladverb)
  (Die Lesefähigkeit wird entwickelt, die Sprachbeherrschung wird verbessert.)

- syndetisch, d. h. mit Hilfe eines formalen Verknüpfungszeichens, das den zweiten Teilsatz einleitet (Konjunktion, Konjunktionaladverb) oder nach dem finiten Verb im zweiten Teilsatz steht (Konjunktionaladverb)
  *(Ich gehe nicht ins Kino, **denn** ich muß arbeiten. Er ist krank, **deshalb** fährt er zur Kur/er fährt **deshalb** zur Kur.)*

3.6.1.2. Inhaltliche Beziehungen der Koordination in der Satzverbindung

Die koordinative Verknüpfung mehrerer Teilsätze ist nicht nur eine Funktion der Konjunktionen (sonst könnte es keine asyndetischen Satzverbindungen geben), sondern ergibt sich aus dem Zusammenwirken der semantischen Bedeutung der Teilsätze (Konjunkte), der logischen Beziehungen der Konjunktbedeutungen und der Bedeutung der Konjunktionen (vgl. LANG 1977). Nach den inhaltlichen Beziehungen der koordinierten Teilsätze werden folgende Arten der Satzverbindung unterschieden:

- die kopulative Satzverbindung, bei der die Hauptsätze nur aneinandergereiht und nebeneinandergestellt werden, ohne daß eine logische Verbindung hergestellt wird
  (Er war viel im Ausland, und er lernte die fremden Länder kennen.)

- die disjunktive Satzverbindung, bei der durch den Sachverhalt des zweiten Hauptsatzes der Sachverhalt des ersten Hauptsatzes ausgeschlossen wird
  (Es ist entweder schon zur Arbeit gegangen, oder er ist noch zu Hause.)

- die adversative Satzverbindung, bei der zwar beide Sachverhalte existieren, aber der Sachverhalt des zweiten Hauptsatzes dem des ersten Hauptsatzes entgegengesetzt ist
  (Er beherrscht die Theorie, aber er hat noch wenig praktische Erfahrungen.)

- die restriktive Satzverbindung, bei der der zweite Hauptsatz den Sachverhalt des ersten Hauptsatzes einschränkt
  (Er hat Thüringen mehrfach besucht, aber (jedoch) in Jena ist er noch nicht gewesen.)

- die kausale Satzverbindung, bei der der zweite Hauptsatz den Grund für den Sachverhalt des ersten Hauptsatzes angibt
  (Er ist nicht zur Arbeit gekommen, denn er ist krank.)

- die konsekutive Satzverbindung, bei der der zweite Hauptsatz die Folge des im ersten Hauptsatz genannten Sachverhalts angibt
  (Ihm fehlte die Sachkenntnis, deshalb konnte er das Problem nicht lösen.)
- die konzessive Satzverbindung, bei der der zweite Hauptsatz eine Folge angibt, die im Gegensatz zu der im ersten Hauptsatz genannten Voraussetzung steht
  (Es regnet stark, trotzdem gingen wir spazieren.).

3.6.2. Subordinative Verbindung

Das Prinzip der subordinierenden Verbindung wird bei der Einbettung eines Nebensatzes in einen Hauptsatz angewandt, bei der ein *Satzgefüge* entsteht. Eine subordinative Verbindung liegt auch dann vor, wenn ein Nebensatz in einen anderen, übergeordneten Nebensatz eingebettet wird.

3.6.2.1. Formen und Arten der Subordination im Satzgefüge

Der Nebensatz kann in den übergeordneten Hauptsatz eingebettet werden mit Hilfe eines Einleitungswortes (= eingeleiteter Nebensatz) oder ohne ein solches Einleitungswort (= uneingeleiteter Nebensatz).

Bei den *eingeleiteten Nebensätzen* werden 3 Arten unterschieden (nach der *Art* des Einleitungswortes und der syntaktischen Verknüpfung):

- Konjunktionalsätze, die durch eine subordinierende Konjunktion eingeleitet werden (die keinen Satzgliedwert hat, vor der Einbettung nicht vorhanden ist und die semantische Beziehung zwischen den beiden Teilsätzen signalisiert):

  (1) Er ist nicht zur Arbeit gekommen + **weil** + Er ist krank.
  → Er ist nicht zur Arbeit gekommen, **weil** er krank ist.

- Relativsätze, die durch ein Relativpronomen oder Relativadverb eingeleitet werden (das im eingebetteten Satz Satzgliedwert hat und ein vor der Einbettung in beiden Teilsätzen identisches Element voraussetzt, das bei der Einbettung im eingebetteten Satz durch das Relativum ersetzt wird):

  (2) Er kauft **das Buch**. **Das Buch** liegt im Schaufenster.
  → Er kauft das Buch, **das** im Schaufenster liegt.
  (3) Er hat **Dresden** besucht. **Dort** ist er geboren.
  → Er hat Dresden besucht, **wo** er geboren ist.

- eingeleitete Nebensätze mit *w*-Fragewörtern (die bereits vor der Einbettung Satzgliedwert im einzubettenden Satz haben und bei der Einbettung erhalten bleiben), die manchmal auch als „indirekte Fragesätze" bezeichnet werden (jedoch im semantisch-kommunikativen Sinne gar nicht notwendig Fragen sein müssen):

(4) Er fragt sie: „**Wann** kommst du?"
Er fragt sie, **wann** sie kommt.
(5) Ich weiß, **wann** sie kommt.

Bei den *uneingeleiteten Nebensätzen* lassen sich (nach ihrem Satzgliedwert und nach der Stellung des finiten Verbs) folgende Arten unterscheiden:

- Objektsätze (die Konjunktion *daß* ist eliminiert, finites Verb an zweiter Stelle)
*(Ich dachte, er **hätte** die Prüfung bestanden.)*

- Subjektsätze (die Konjunktion *daß* (oder *wenn)* ist eliminiert, finites Verb an zweiter Stelle)
*(Es ist besser, du **kommst** pünktlich.)*

- Konditionalsätze (die Konjunktion *wenn (falls)* ist eliminiert, finites Verb an erster Stelle)
*(**Kommt** er morgen, können wir alles besprechen.)*

- Konzessivsätze (die Konjunktion *wenn* ist eliminiert, *auch* als Partikel bleibt erhalten, finites Verb an erster Stelle)
*(**War** die Arbeit **auch** schwer, sie mußte geschafft werden.)*

3.6.2.2. Syntaktische Klassen von Nebensätzen

Funktionale Beziehungen der Subordination liegen insofern vor, als die Nebensätze im Verhältnis zu den ihnen übergeordneten Sätzen im Satzgefüge *syntaktische Funktionen* ausüben, die mit Hilfe der Begriffe für die Satzglieder (↑ 3.2.) beschrieben werden. Da Nebensätze vielfach Äquivalente bzw. explizite Ausdrucksformen für Satzglieder sind, werden unter den Nebensätzen unterschieden:

- Subjektsätze
(Mich enttäuscht, daß er nicht gekommen ist.)

- Objektsätze
(Er begreift, daß er einen Fehler gemacht hat.)

- Adverbialsätze
(Er bleibt zu Hause, weil er krank ist.)

- Prädikativsätze
  (Er wird, was sein Vater war.)
- Attributsätze
  (Er kauft das Buch, das im Schaufenster liegt.)

Die Attributsätze entsprechen nicht einem Satzglied, sondern einem Satzgliedteil (wie die Attribute auch; ↑ 3.4.); sie sind deshalb Satzgliedteilsätze. Semantisch lassen sich unter den Attributsätzen unterscheiden

- restriktive Attributsätze, die einen Gegenstand von einem anderen Gegenstand der gleichen Klasse unterscheiden, also *spezifizieren* und *einschränken,* die inhaltlich notwendig sind und enklitische Intonation habe (keine Pause zwischen Haupt- und Nebensatz)
  (Er kauft das (= dasjenige) Buch, das im Schaufenster liegt.)
- nicht-restriktive Attributsätze, die inhaltlich nicht notwendig sind, zusätzliche Informationen liefern und *erläutern,* ein zweites logisches Prädikat darstellen und Parenthese-Intonation haben (Pause zwischen Haupt- und Nebensatz)
  (Das blaue Auto, das unserem Onkel gehört, steht vor der Garage.)

Attributsätze beziehen sich (im Gegensatz zu den Subjekt-, Objekt- und Prädikativsätzen (wie die Attribute) immer auf substantivische Bezugswörter. Die anderen Nebensätze haben keine solchen substantivischen Bezugswörter, sondern *Korrelate* im übergeordneten Satz, die manchmal obligatorisch *(Er verläßt sich **darauf**, daß wir pünktlich sind.),* in den meisten Fällen aber fakultativ sind *(Er bittet uns (**darum**), daß wir pünktlich kommen.).*

Eine besondere Gruppe der Nebensätze sind die *weiterführenden Nebensätze,* die weder für ein Satzglied noch für einen Satzgliedteil des übergeordneten Satzes stehen, sondern sich in loser (eher kommentierender) Weise auf den gesamten übergeordneten Satz beziehen:

(1) Er arbeitet sehr selbständig, was mir besonders gefällt.
(← Er arbeitet sehr selbständig. Das gefällt mir besonders.)
(2) Er hat mich gestern besucht, worüber ich mich gefreut habe.
(← Er hat mich gestern besucht. Darüber habe ich mich gefreut.).

Die weiterführenden Nebensätze werden zwar – wie die Attributsätze – durch Relativpronomina (oder Pronominaladverbien) eingeleitet, aber im Unterschied zu ihnen haben sie kein substantivisches Bezugswort im übergeordneten Satz. Die Unterordnung der weiterführenden Nebensätze ist nur formaler Natur: *Inhaltlich* handelt es sich bei Satzgefügen mit weiterführenden Nebensätzen um *koordinativ* nebeneinander stehende Sachverhalte, von denen einer dem anderen – als *subordinierter* Nebensatz – *formal* untergeordnet wird (vgl. GRUNDZÜGE 1981, 785ff.; HELBIG 1983, 168ff.: BRANDT 1990).

3.6.2.3. Stellung und Abhängigkeit der Nebensätze

Der *Stellung* nach tritt der Nebensatz auf als
- Vordersatz *(Weil er krank ist, kommt er nicht zur Arbeit.)*
- Nachsatz *(Er kommt nicht zur Arbeit, weil er krank ist.)*
- Zwischensatz *(Er kommt, weil er krank ist, nicht zur Arbeit.)*

Der *Abhängigkeit* nach werden Nebensätze verschiedenen Grades unterschieden. Ein Nebensatz ersten Grades hängt vom Hauptsatz, ein Nebensatz zweiten Grades von einem Nebensatz ersten Grades, ein Nebensatz dritten Grades von einem Nebensatz zweiten Grades ab usw. Auf diese Weise kann eine Kette von mehreren Nebensätzen verschiedenen Grades entstehen, die einander untergeordnet sind:

HS

Es zeigt sich,

NS 1. Grades

wie notwendig es ist,

NS 2. Grades

daß wir alle Belege prüfen,

NS 3. Grades

damit Fehler vermieden werden.

3.6.2.4. Semantische Klassen der Adverbialsätze

Im Unterschied zu den Subjekt-, Objekt-, Prädikativ- und Attributsätzen sind die Adverbialsätze semantisch spezifiziert. Entsprechend den Arten der Adverbialbestimmung (↑ 3.2.4.) lassen sich folgende semantische Klassen der Adverbialsätze unterscheiden:

- *Temporalsätze,* die zeitliche Beziehungen ausdrücken, und zwar solche der Gleichzeitigkeit *(Während er arbeitete, spielte das Radio.),* der Vorzeitigkeit *(Nachdem er das Studium abgeschlossen hat, geht er ins Ausland.)* und der Nachzeitigkeit *(Bevor er abreist, besucht er mich noch.)* – mit weiteren Differenzierungen (auch der verwendeten Konjunktionen) nach Dauer vs. Zeitpunkt, einmaliges vs. wiederholtes Geschehen u. a.

- *Lokalsätze,* die den Ort *(Das Grundstück beginnt, wo die Büsche stehen.),* die Richtung *(Sie können gehen, wohin sie wollen.)* oder den Erstreckungsbereich bezeichnen *(Soweit das Auge reichte, war alles überschwemmt.).*

- *Modalsätze,* die Angaben zur Art und Weise des Geschehens im Hauptsatz machen, im einzelnen Instrumentalsätze *(Er verbesserte seine Leistungen, indem er regelmäßig trainierte.),* Modalsätze des fehlenden Begleitumstands *(Er kam in den Laden, ohne daß er bemerkt wurde.),* Komparativsätze *(Im Februar war es so kalt, wie es im Januar war.),* Proportionalsätze *(Je mehr ich lese, um so schneller geht es.),* Modalsätze der Spezifizierung *(Er hat insofern recht, als dieser Lösungsweg auch möglich ist.)* und Restriktivsätze *(Soviel ich weiß, ist er krank.).*
- *Kausalsätze* der verschiedensten Art, vor allem Kausalsätze im engeren Sinne, die Ursache bzw. Grund angeben *(Er kommt nicht, weil er krank ist.),* Konditionalsätze, die eine Bedingung für das Geschehen im Hauptsatz ausdrücken *(Wenn der Zug pünktlich ist, erreichen wir den Anschluß.),* Konzessivsätze, die einen unzureichenden Grund bezeichnen *(Obwohl es regnete, gingen wir spazieren.),* Konsekutivsätze, die eine aus dem Geschehen des Hauptsatzes sich ergebende Folge bezeichnen *(Er ist verletzt, so daß er nicht Sport treiben kann.)* und Finalsätze, die eine Absicht bzw. einen Zweck ausdrücken *(Wir beeilen uns, damit wir den Zug erreichen.)*

Außerdem gibt es (ohne direkte Entsprechung bei den Adverbialbestimmungen) die Klassen der

- *Substitutivsätze,* die eine nicht wahrgenommene Möglichkeit bezeichnen, für die der Hauptsatz als Ersatz eine andere (nicht positiv bewertete) Möglichkeit zeigt *(Die Kranke ging zur Arbeit, anstatt daß sie sich ins Bett legte.)*
- *Adversativsätze,* die einen Gegensatz zum Geschehen im Hauptsatz ausdrücken *(Während es gestern schön war, regnet es heute.).*

3.6.3. Satzwertige Konstruktionen

Eine ähnliche syntaktische Funktion wie die Nebensätze üben die Infinitiv- und Partizipialkonstruktionen aus: Sie sind wie die Nebensätze satzwertig, haben aber – im Unterschied zu den Nebensätzen – in der Oberfläche kein Subjekt (ihr zugrunde liegendes Subjekt muß durch die Beziehung auf den übergeordneten Satz erschlossen werden) und kein finites Verb (statt dessen eine infinite Verbform, d. h. einen Infinitiv oder ein Partizip):

(1) Er hofft, daß **er** den Zug **erreicht**. (Nebensatz)
→ Er hofft, den Zug zu **erreichen.** (Infinitivkonstruktion)
(2) Als **er** in Dresden angekommen **war**, besuchte er sie. (Nebensatz)
→ In Dresden **angekommen**, besuchte er sie. (Partizipialkonstruktion)

3.6.3.1. Infinitivkonstruktion

Es gibt valenzbedingte und valenzunabhängige Infinitivkonstruktionen. Wenn sie *valenzbedingt* sind, füllen sie entsprechende Leerstellen von Wortarten (Verben, Adjektiven, Substantiven) im übergeordneten Satz aus *(Wir **freuen** uns, ihn zu sehen. Es ist **erfreulich**, ihn zu sehen. Es ist eine **Freude**, ihn zu sehen.)* Valenzbedingte Infinitivkonstruktionen können stehen (vgl. BUSCHA/ZOCH 1988):

- für das Subjekt des übergeordneten Satzes:
  (1) Daß er das Spiel gewonnen hat, freut ihn.
  → Das Spiel gewonnen zu haben freut ihn.

- für das Objekt des übergeordneten Satzes:
  (2) Er entschließt sich (dazu), daß er bald abreist.
  → Er entschließt sich (dazu), bald abzureisen.

- für das Attribut an der Oberfläche bei einem Substantiv des übergeordneten Satzes:
  (3) Er hat die Hoffnung, daß er bald wieder gesund wird.
  → Er hat die Hoffnung, bald wieder gesund zu werden.

Valenzunabhängige Infinitivkonstruktionen sind freie Adverbialbestimmungen und können deshalb syntaktisch zu beliebigen Verben treten. Es gibt unter ihnen mehrere semantische Klassen, die durch das Einleitungswort formal signalisiert sind und den konjunktionalen Nebensätzen entsprechen:

- Infinitivkonstruktionen mit *(an)statt zu*, die substitutive Bedeutung haben und eine nicht wahrgenommene Möglichkeit bezeichnen (↑ 3.6.2.4.):
  (4) Das Mädchen ging baden, **(an)statt** die Hausaufgaben **zu** machen.
  (← Das Mädchen ging baden, **(an)statt daß** es die Hausaufgaben machte.)

- Infinitivkonstruktionen mit *ohne zu*, die entweder einen fehlenden Begleitumstand (Modalsatz) oder das Nicht-Eintreten einer erwarteten Folge (negativer Konsekutivsatz) ausdrücken:
  (5) Er überquerte die Straße, **ohne** auf den Verkehr **zu** achten.
  (← Er überquerte die Straße, **ohne daß** er auf den Verkehr achtete.)
  (6) Er hat sehr kalt gebadet, **ohne** sich **zu** erkälten.
  (← Er hat sehr kalt gebadet, **ohne daß** er sich erkältet hat.)

- Infinitivkonstruktionen mit *um zu*, die zumeist eine finale Bedeutung haben, aber auch konsekutive Beziehungen ausdrücken können:
  (7) Er muß sich beeilen, **um** den Zug noch **zu** erreichen.
  (← Er muß sich beeilen, **damit** er den Zug noch erreicht.)
  (8) Das Wasser war zu kalt, **um** darin baden **zu** können.
  (← Das Wasser war zu kalt, **so daß** man darin nicht baden konnte.)

Das nicht an der Oberfläche ausgedrückte Subjekt der Infinitivkonstruktion entspricht

- dem Subjekt des übergeordneten Satzes:
  (9) Ich verspreche dir, pünktlich zu kommen.
  (← **Ich** verspreche dir, daß **ich** pünktlich komme.)
- dem Objekt des übergeordneten Satzes:
  (10) Ich empfehle dir, pünktlich zu kommen.
  (← Ich empfehle **dir**, daß **du** pünktlich kommst.)
- einem unbestimmt-persönlichen *man* als Subjekt des entsprechenden Nebensatzes:
  (11) Pünktlich zu kommen ist ratsam.
  (← Daß **man** pünktlich kommt, ist ratsam.)

3.6.3.2. Partizipialkonstruktion

Die Partizipialkonstruktionen sind nicht valenzbedingt. Man kann *syntaktisch* unterscheiden (vgl. HELBIG 1983, 188ff.):

- attributive Partizipialkonstruktionen, die sich auf ein Substantiv des übergeordneten Satzes beziehen, relativ stellungsfest sind (nicht die erste Stelle vor dem finiten Verb einnehmen können), durch einen attributiven Relativsatz paraphrasierbar sind und sich in erweiterte Partizipialattribute verwandeln lassen:

  (1) Der Schriftsteller, 1930 in Berlin geboren, hat einen neuen Roman veröffentlicht.
  (1a) Der Schriftsteller, der 1930 in Berlin geboren ist, hat einen neuen Roman veröffentlicht.
  (1b) Der 1930 in Berlin geborene Schriftsteller hat einen neuen Roman veröffentlicht.

- nicht-attributive (entweder adverbiale oder nebenprädikativische) Partizipialkonstruktionen, die sich auf ein Verb des übergeordneten Satzes beziehen, nicht stellungsfest sind (auch die Stelle vor dem finiten Verb einnehmen können), durch einen expliziten konjunktionalen Nebensatz paraphrasierbar sind und sich nicht ohne weiteres in erweiterte Partizipialattribute verwandeln lassen:

  (2) Der Lehrer, in Dresden angekommen, besuchte sofort seinen Freund.
  (2a) In Dresden angekommen, besuchte der Lehrer sofort seinen Freund.
  (2b) Nachdem er in Dresden angekommen war, besuchte der Lehrer sofort seinen Freund.

Da die Partizipialkonstruktion konjunktionslos ist, läßt sie mehrere *semantische* Möglichkeiten zu, die durch entsprechende Paraphrasen mit Hilfe entsprechender expliziter adverbialer Nebensätze deutlich werden:

- temporale Partizipialkonstruktionen (vgl. (2))
- modale Partizipialkonstruktionen
  (3) Der Soldat starb, von den Kugeln der Feinde getroffen.
  (← Der Soldat starb, **indem** er von den Kugeln der Feinde getroffen wurde.)
- konditionale Partizipialkonstruktionen
  (4) Mit anderen Ländern verglichen, sind diese Methoden veraltet.
  (← **Wenn** man sie mit anderen Ländern vergleicht, sind diese Methoden veraltet.)

Die Partizipialkonstruktion kann manchmal noch weiter – um bedeutungsarme Partizipien wie *habend, seiend, haltend* – verkürzt werden („verkürzte Partizipialkonstruktionen" oder „freie Fügungen"):

(5) Die Zigarette in der Hand, betrat er das Zimmer.
(← Die Zigarette in der Hand *habend (haltend)*, betrat er das Zimmer.)

Das eliminierte Subjekt der Partizipialkonstruktion entspricht in der Regel dem substantivischen Bezugswort (bei attributiven Partizipialkonstruktionen) oder dem Subjekt des übergeordneten Satzes (bei nicht-attributiven Partizipialkonstruktionen).

3.6.4. Besondere Arten der Verknüpfung von Sätzen

3.6.4.1. Schaltsatz

Obwohl der Schaltsatz äußerlich als Form einer unverbundenen koordinativen Verknüpfung von Hauptsätzen erscheint, ist ein Hauptsatz in den anderen „eingeschaltet", damit auch im Verhältnis zu ihm untergeordnet:

(1) Die Termine – sie waren vorverlegt worden – beunruhigten die Studenten.
(← Die Termine, die vorverlegt worden waren, beunruhigten die Studenten.)

Die Schaltsätze haben ihre Spezifik auf pragmatischer Ebene, enthalten oft Kommentare des Sprechers zur Aussage (vergleichbar mit Modalwörtern (↑ 2.11.), die auch als „Schaltwörter" bezeichnet werden und als Reduzierungen von Schaltsätzen verstanden werden können):

(2) Das Experiment war – **wie ich vermute** – ein Erfolg.
(→ Das Experiment war **vermutlich** ein Erfolg.)

3.6.4.2. Satzperiode

Unter einer Satzperiode wird ein mehrfach zusammengesetzter Satz verstanden, der durch die Nebenordnung mehrerer Satzgefüge oder durch Unterordnung mehrerer Nebensätze unter einen Hauptsatz entsteht. In der Satzperiode treten somit die koordinative und die subordinative Verknüpfung gleichzeitig auf.

(1) Da trafen sie auf eine Zigeunerin, die, auf einem Schemel sitzend, dem Volk, das sie umringte, aus dem Kalender wahrsagte, und sie fragten sie scherzhafter Weise, ob sie ihnen nicht auch etwas, was ihnen lieb wäre, zu eröffnen hätte. *(Kleist)*

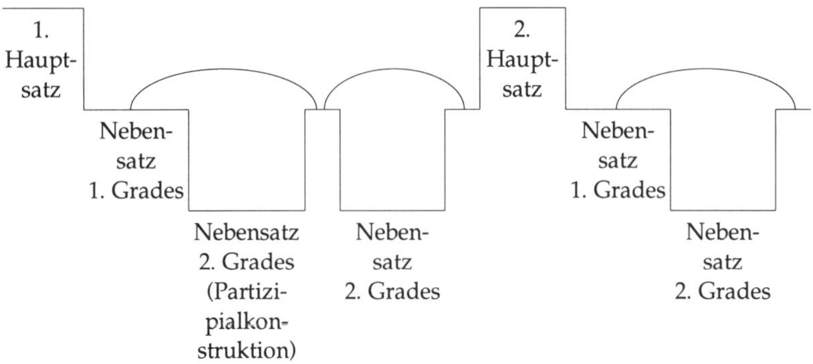

3.6.4.3. Zusammengezogener Satz

Der zusammengezogene Satz ist eine besondere Art der koordinativen Verbindung, die aus der Satzverbindung (oder aus der Koordination von Nebensätzen gleichen Grades) durch Reduktion, d. h. durch Tilgung von identischen Satzgliedern entsteht. Ein zusammengezogener Satz liegt dann vor, wenn sich mindestens *ein* (identisches) Satzglied auf *mehrere* andere (verschiedene) Satzglieder der gleichen Art bezieht:

(1) Er besorgte **die Bücher**, und sie bezahlte **die Bücher**. (Satzverbindung)
(2) Er besorgte und sie bezahlte **die Bücher**. (zusammengezogener Satz; identisches Satzglied: Objekt; verschiedene Satzglieder: Subjekt und Prädikat)

Der zusammengezogene Satz (als Übergangsform zwischen dem einfachen und dem komplexen Satz) ist der Aufzählung ähnlich, bei der jedoch nur *ein* verschiedenes Glied auftritt:

(3) Er **besorgte** und **bezahlte** die Bücher.

3.7. Satzarten

Satzarten (Aussage-, Frage- und Aufforderungssatz) sind charakterisiert einerseits durch bestimmte Grundbedeutungen (die mit bestimmten Sprecherintentionen verbunden sind), andererseits durch die Intonation und die Wortstellung. Allerdings gibt es auch in diesem Bereich der Grammatik keine direkte Entsprechung von intonatorischen, morphosyntaktischen, semantischen und kommunikativen Eigenschaften: Die Satzarten lassen sich weder eindeutig durch die Intonation und/oder die Wortstellung differenzieren, noch entsprechen ihnen in direkter Weise bestimmte Sprechhandlungen.

3.7.1. Aussagesatz

Im Aussagesatz wird ein Sachverhalt in allgemeinster und intentional neutraler Form beschrieben. Mit einem Aussagesatz wird vom Sprecher behauptet, daß ein Sachverhalt tatsächlich, künftig oder hypothetisch existent ist. Aussagesätze sind durch die Zweitstellung des finiten Verbs und durch terminale (fallende) Intonation gekennzeichnet *(Die Mutter möchte sich ausruhen.)*.

3.7.2. Fragesatz

Fragesätze werden vom Sprecher formuliert, wenn er über einen Sachverhalt nicht ausreichend informiert ist und der Gesprächspartner diese Information liefern soll. Fragesätze sind damit Aufforderungen bestimmter Art, die im Unterschied zu den eigentlichen Aufforderungssätzen (↑ 3.7.3.) aber nicht auf eine aktionale Reaktion, sondern auf verbale Reaktion (in Form einer Antwort) gerichtet sind. Nach dem Bezugsbereich der Frage werden Entscheidungs- und Ergänzungsfragen unterschieden.

3.7.2.1. Entscheidungsfrage

Bei der Entscheidungsfrage ist es für den Sprecher unbekannt (oder unsicher), ob der gesamte Sachverhalt überhaupt existent ist. Der Gesprächspartner soll durch seine Antwort diese Unsicherheit beseitigen. Entscheidungsfragen sind in der Regel durch Erststellung des finiten Verbs und durch interrogative (steigende) Intonation gekennzeichnet *(Kommt Peter heute?)*. Als Antwort auf Entscheidungsfragen erscheinen die Satzäquivalente *ja* (bei Bestätigung der Existenz des Sachverhalts) oder *nein* (bei Negierung der Existenz des Sachverhalts) (↑ 2.12.), bisweilen auch Modalwörter wie z. B. *vermutlich, leider* (↑ 2.11.). Bei einer Entscheidungsfrage mit Negationswort kehren sich die Verhältnisse von Bestätigung und Negierung in der Antwort um: Negierte Entscheidungsfragen *(Hat er nicht gut gespielt?)* werden mit *nein* bestätigt, mit *doch* negiert. Bei den Entscheidungsfragen gibt es einige spezifische Typen:

- Entscheidungsfragen mit Zweitstellung des finiten Verbs *(Peter **kommt** heute?)* und solche mit der Konjunktion *ob* und Endstellung des finiten Verbs *(**Ob** Peter heute **kommt**?)*, in beiden Fällen mit interrogativer Intonation
- Vergewisserungsfragen mit Zweitstellung des finiten Verbs und interrogativer Intonation, manchmal auch mit der Partikel *doch*: der Sprecher erwartet eine bestätigende Antwort *(Sie **sprechen** (doch) Deutsch?)*
- Alternativfragen, die aus zwei (selten mehr) Entscheidungsfragen bestehen, die durch die Konjunktion *oder* verbunden sind und zwei Alternativen anbieten *(Kommst du mit oder bleibst du zu Hause?)*, zwischen denen sich der Partner zu entscheiden hat (Antwort mit *ja* oder *nein* ist deshalb nicht möglich).

3.7.2.2. Ergänzungsfrage

Bei der Ergänzungsfrage ist dem Sprecher mindestens eine Komponente des Sachverhalts unbekannt (während die Existenz des gesamten Sachverhalts nicht in Frage steht). Der Gesprächspartner soll diese Komponente spezifizieren. Die verschiedenen Komponenten werden durch spezifische Fragewörter (*w*-Wörter) erfragt, die Pronomina *(wer, was)*, Pronominaladverbien *(worüber, woran)* oder Adverbien *(wann, wo, wie)* sein können und die erste Stelle im Satz einnehmen. Die Ergänzungsfragen sind gekennzeichnet – außer durch das Fragewort – durch die Zweitstellung des finiten Verbs und durch terminale Intonation *(Wann gehen wir ins Theater?)*.

Bei den Ergänzungsfragen gibt es folgende Spezifika:

- Die Interrogativpronomen *welcher* und *was für ein-* fragen – genau genommen – nicht nach unbekannten Sachverhaltskomponenten, sondern nach unbekannten Merkmalen von Sachverhaltskomponenten *(Welchen Ball möchtest du haben? / Was für einen Ball möchtest du haben?)*.
- Mit *was* (als Objekt) + *tun/machen* (als Verben) wird nicht nach Komponenten des Sachverhalts, sondern nach dem gesamten Prädikat mit den valenzbe-

dingten Ergänzungen gefragt *(Was macht Peter heute?)*. Auch Fragen mit *warum* verlangen als Antwort einen gesamten Satz, so daß es nicht gerechtfertigt ist, die Ergänzungsfragen generell als „Wortfragen" zu verstehen (im Unterschied zu den Entscheidungsfragen als „Satzfragen").

3.7.3. Aufforderungssatz

Aufforderungssätze werden vom Sprecher formuliert, wenn ein (noch) nicht existenter Sachverhalt vom Gesprächspartner realisiert werden soll. Sie sind gekennzeichnet durch die Erststellung des finiten Verbs (im Imperativ) und durch terminale Intonation *(Bring mir das Buch!)*. Da jedoch das Formensystem des Imperativs im Deutschen beschränkt ist (auf die 2. Person), taucht bisweilen auch der Konjunktiv auf *(Seien wir vorsichtig! Gehen wir auf die andere Straßenseite!)*, gibt es auch zahlreiche Paraphrasen für den Aufforderungssatz mit Imperativ (der als Grundform des Aufforderungssatzes anzusehen ist), z. B.

- Aussagesätze *(Du gehst jetzt schlafen!)*
- Sätze mit Konjunktiv Präsens und Pronomen *man (Man lasse den Tee fünf Minuten ziehen!)*
- isolierte Nebensätze *(Daß du mir ja pünktlich kommst!)*
- Infinitive *(Lauter singen!)*
- Partizipien *(Stillgestanden!)*.

3.7.4. Weitere Satzarten

Von den genannten hauptsächlichen Satzarten (Aussage-, Frage- und Aufforderungssatz) werden manchmal noch zwei weitere Satzarten unterschieden.

3.7.4.1. Ausrufesatz

Mit einem Ausrufesatz will der Sprecher nicht nur über einen Sachverhalt informieren (wie mit dem Aussagesatz), sondern mit der Information soll auch eine subjektive Emotion – vor allem Bewunderung oder Erstaunen – über den Sachverhalt ausgedrückt werden. In der syntaktischen Struktur gleicht der Ausrufesatz

- einem Aussagesatz (Zweitstellung des finiten Verbs, terminale Intonation) *(Du hast das aber schön gemacht!)*

- einer Entscheidungsfrage (Erststellung des finiten Verbs, terminale Intonation)
  (Hast du aber viel zugenommen!)
- einer Ergänzungsfrage (Zweit- und Endstellung des finiten Verbs, terminale Intonation)
  (Wie schön war es doch heute! Wie schön es doch heute war!).

3.7.4.2. Wunschsatz

Wunschsätze sind (wie Aufforderungssätze) auf die Realisierung eines (noch) nicht existenten Sachverhalts gerichtet. Sie enthalten jedoch (im Unterschied zu den Aufforderungssätzen) keine direkte Aufforderung an den Gesprächspartner, den Sachverhalt zu realisieren, sondern bringen lediglich den (realisierbaren oder nicht-realisierbaren) Wunsch des Sprechers zum Ausdruck, daß der Sachverhalt realisiert werden möge. Wunschsätze enthalten ein finites Verb im Konjunktiv Präteritum/Plusq. (↑ 2.2.3.3., 7.), das stehen kann

- in Endstellung, wenn der Satz mit der Konjunktion *wenn* eingeleitet ist
  (Wenn er doch bald ***käme****/gestern gekommen* ***wäre****!)*
- in Erststellung, wenn der Satz uneingeleitet (konjunktionslos) ist
  *(****Käme*** *er doch bald!* ***Wäre*** *er doch gestern gekommen!).*

Der Wunschsatz ähnelt dem Konditionalsatz (↑ 2.2.3.3., 5.) und kann als Reduzierung eines konditionalen Satzgefüges um den Hauptsatz verstanden werden (← *Ich wäre froh, wenn er bald käme.).* Er enthält jedoch gewöhnlich charakteristische Partikeln *(doch, nur).*

3.7.5. Satzart und Sprechhandlung

Die genannten Satzarten haben (idealisierte) Grundbedeutungen (sie werden nur kontextfrei so verwendet), decken sich aber keineswegs immer mit dem eigentlichen kommunikativen Sinn der Äußerung (in unterschiedlichen Kontexten), mit den Sprechhandlungen, die mit den entsprechenden Satzarten vollzogen werden. Da Sprache ein Mittel der Kommunikation und ein Handlungsinstrument ist, werden Sätze nicht um ihrer selbst willen geäußert, sondern sind ein Mittel, um bestimmte Sprechhandlungen (z. B. Bitte, Warnung, Drohung, Feststellung, Befehl, Vorwurf, Ratschlag, Wunsch) zu vollziehen. Indem man etwas *sagt, tut* man etwas. Deshalb wird (vor allem in der Sprechakt- bzw. Sprechhandlungstheorie) zwischen einem lokutiven und einem illokutiven Akt unterschieden (die gleichzeitig vollzogen werden): Der *lokutive* Akt ist die Äußerung in einer bestimmten Form, mit einer bestimmten Bedeutung und mit einem Bezug auf Sachverhalte (die bezeichnet werden); der *illokutive* Akt ist die mit dieser Äußerung verbundene Sprechhandlung (die illokutive Funktion bzw. der kommunikative Sinn der Äußerung). Wenn in einem bestimmten Handlungskontext (Spaziergang der Mutter mit einem Kind) die Mutter den Satz äußert *„Der Hund ist bissig."*, vollzieht sie nicht nur einen lokutiven Akt (sie schreibt dem Hund eine Eigenschaft zu), sondern zugleich einen illokutiven Akt, eine Sprechhandlung der Warnung (sie möchte das Kind warnen).

Satzarten (als grammatische Erscheinung) und Sprechhandlungen decken sich nicht immer, sondern durch den Kontext (der Äußerung und der Handlung) können die Satzarten einen illokutiven Sinn bekommen, der von ihrer Grundbedeutung abweicht:

(1) Es zieht.
(Aussagesatz als Aufforderung/Bitte, das Fenster zu schließen)
(2) Können sie mir das Salz herüberreichen?
(Fragesatz als Aufforderung/Bitte)
(3) Ist es nicht schön hier?
(Fragesatz als Wunsch, eine Bestätigung zu erhalten)
(4) Willst du, daß ich dich anzeige?
(Fragesatz als Drohung)
(5) Wer konnte das wissen?
(Fragesatz als Feststellung, mit impliziter Antwort)
(6) Du mußt jetzt nach Hause gehen.
(Aussagesatz als Aufforderung)
(7) Ich möchte wissen, wo du gestern warst.
(Aussagesatz als Frage)

Nicht jede Fragesituation führt zu einer Fragehandlung, und nicht jede Fragehandlung führt zur Verwendung eines Fragesatzes (vgl. WUNDERLICH [2]1978, 181ff.). Umgekehrt kann ein Fragesatz auch ein Mittel sein, andere Sprechhandlungen als Fragen auszuüben. Deshalb kommt es bisweilen zu Unterschieden zwischen der grammatischen Bedeutung und dem kommunikativen Sinn:

(8) Kannst du mir sagen, wie spät es ist?
(9) Kannst du das Fenster schließen?

Beide Sätze sind – der grammatischen Satzart nach – Fragesätze, die nach den Regeln der Grammatik *ja* oder *nein* als Antworten (auf Entscheidungsfragen) erwarten lassen.

Diese Antworten wären jedoch kommunikativ inadäquat, da mit diesen Sätzen andere Sprechhandlungen vollzogen werden (in (8) eine verbale Antwort mit Angabe der konkreten Uhrzeit, in (9) eine außerverbale Reaktion – das tatsächliche Schließen des Fensters – erwartet wird). Die grammatische Form (der Satzart) läßt also noch keinen direkten Schluß auf die tatsächliche Sprechhandlung zu, die mit dem Satz vollzogen wird. Zur Feststellung, ob die Illokution eines Sprechaktes und die grammatische Satzart in einer Äußerung übereinstimmen oder nicht, was der Sprecher im konkreten Falle *meint* und welche Sprechhandlung er *beabsichtigt* (intendiert), muß man nicht nur andere sprachliche Mittel (Modalverben, Modalwörter, Partikeln, Satzäquivalente, Konjunktionen, Intonation, Satzakzent u. a.) – als mögliche Indikatoren für die Sprechhandlung – einbeziehen, es bedarf auch der Kenntnisse über die Äußerungs- und Handlungskontexte. Damit sind jedoch die Grenzen der Grammatik bereits weit überschritten: Der Grammatik geht es um die Zuordnung von Formen (Lautstrukturen) und Inhalten (Bedeutungsstrukturen), also um die Satzarten (die sich durch Eigenschaften der Intonation, der grammatischen Form und der Grundbedeutung voneinander unterscheiden).

4. Satz und Text

4.1. Übergang von der Satz- zur Textgrammatik

Wie die Sprache in erster Linie ein Kommunikationsmittel und ein Handlungsinstrument ist, so vollzieht sich Kommunikation und Handlung – soweit sie sprachlich ist – immer in *Texten*, nicht in isolierten Wörtern und Sätzen. Die kleineren Einheiten (wie z. B. Phonem, Morphem, Wort und Satz) haben *an sich* und *als solche* keinen Eigenwert, sondern sind von größeren Einheiten und Zwecken abhängig, die ihnen erst Sinn und Funktionsfähigkeit verleihen (obwohl sie wichtige und unverzichtbare Elemente sind, die zur Textbildung beitragen). Deshalb wird neuerdings versucht, die Grammatik nicht mehr auf den Satz zu beschränken – es galt lange Zeit als unumstößlich, daß sich die Grammatik nur mit dem Satz zu befassen habe, daß über den Satz hinausgehende Erscheinungen eher Angelegenheit der Stilistik bzw. Rhetorik seien –, sondern den Schritt von der *Satzgrammatik* zu einer *Textgrammatik* zu gehen (vgl. auch Engel 1988; Götze/Hess-Lüttich 1989).

Dabei wäre zunächst zu fragen, was ein Text ist, wodurch er entsteht und sich von einer beliebigen Aufeinanderfolge von Sätzen unterscheidet. Es gibt inzwischen schon sehr viele unterschiedliche Definitionen des Textes (vgl. Helbig 1980, 259f.), denen in der Mehrzahl gemeinsam ist, daß sie den Text als eine kohärente Folge von Sätzen verstehen. Unterschiedlich beantwortet wird jedoch die Frage, worin diese Kohärenz besteht, d. h. unter welchen Bedingungen bestimmte Folgen von Sätzen zu *kohärenten* Folgen von Sätzen (also: zu *Texten*) werden. Es wurde auf die formale Verkettung (z. B. durch Pronomina), auf Referenzidentität, auf semantische Einheit, auf thematische Einheit, auf eine gemeinsame kommunikative Funktion und auf die Handlungseinheit verwiesen – Aspekte des Textes, die zunehmend auch als verschiedene Ebenen des Textes in das Blickfeld traten. Vor allem wurde mehr und mehr deutlich, daß Texte nicht nur auf textsyntaktischer und textsemantischer Kohärenz beruhen, sondern daß das Verständnis von Texten auch von dem Wissen der Sprecher (gemeinsamen Präsuppositionen usw.) und von anderen (außersprachlichen) Zusatzinformationen abhängt, daß also für den Text auch und erst recht eine kommunikativ-pragmatische Kohärenz vorausgesetzt werden muß. Das führte zu der Einsicht, daß Texte keineswegs vorrangig oder gar allein von der Grammatik her zu beschreiben sind, daß die Existenz einer Text*grammatik* wieder in Zweifel gezogen und für eine umfassendere Text*linguistik* bzw. Text*theorie* plädiert wurde (und wird).

4.2. Grammatische Mittel der Vertextung

Dennoch gibt es grammatische Mittel, die zur Vertextung beitragen, die an verschiedenen Stellen bereits beschrieben worden sind und hier noch einmal zusammengefaßt werden sollen. Es handelt sich einerseits um grammatisch-syntaktische, andererseits um semantische Vertextungsmittel.

Zu den grammatisch-syntaktischen Vertextungsmitteln gehören z. B.

- die Pronomina sowie die Prowörter überhaupt (↑ 2.5.2):
  (1) **Die Frau** ist heute im Geschäft. **Sie** verkauft Blumen.
  (2) Gestern war er **in Berlin. Dort** hat er eine Ausstellung besucht.
  (3) Er ist **damit** einverstanden, daß **wir ins Theater gehen.**
  Die Prowörter sind z. T. anaphorische Elemente (wenn sie auf bereits Gesagtes zurückverweisen wie in (1) und (2)), z. T. auch kataphorische Elemente (wenn sie im Text vorausweisen wie in (3)).
- die Artikelselektion (↑ 2.6.3.2.):
  (4) An der Ecke steht **ein** Mann. **Der** Mann ist unser Lehrer.
- die Satzgliedstellung (↑ 3.3.3.):
  (5) Er war im Urlaub **in Spanien. Dort** hat er sich gut erholt.
- die Konjunktionen (↑ 2.9.):
  (6) Er war im Urlaub in Spanien. **Aber** er hat sich nicht erholt.
- die Partikeln (↑ 2.10.3.):
  (7) Ich gehe nicht baden. Das Wasser ist **ja** noch viel zu kalt.
- die Tempuswahl (↑ 2.2.3.2.), vor allem das Verhältnis der Tempora zueinander (relatives Tempus):
  (8) Gestern **war** er zur Prüfung. Vorher **hatte** er sich gut **vorbereitet.**

Die semantischen Vertextungsmittel ergeben sich aus dem Prinzip der Äquivalenz oder der Isotopie, d. h. daraus, daß Sätze von Texten durch gemeinsame semantische Merkmale zusammengehalten werden (Isotopie zwischen Elementen besteht dann, wenn diese Elemente mindestens ein gemeinsames kontextuelles Merkmal haben). Eine solche Äquivalenz (im weitesten Sinne) liegt z. B. vor

- bei der Ersterwähnung und ihrer einfachen Wiederholung
- bei verschiedenen Formen der Wiederaufnahme, z. B. Substitution durch Synonymie *(der Mediziner → der Arzt)*, der Antonymie *(der Mann → die Frau)*, der Über- und Unterordnung *(Geld – Dollar, Mark)*, der Generalisierung *(der Schlosser → der Arbeiter)*, der Namengebung *(ein Mädchen → Sabine)* und Titelgebung *(der Mann → ein Professor)*, der Metaphorisierung *(die Frau → die Schöne)*

- bei verschiedenen Formen der (quasi-)logischen Konnexion, bei der die Kontinuität des Textes nicht durch explizite äquivalente Partner, sondern durch implizite Verknüpfungen gegeben ist, z. B. durch Zuordnung nach Raum und Zeit, durch Kausal- und Motivverbindung, durch Vergleich oder Gegensatz, durch diagnostische Interpretation, Spezifizierung, Einordnung, Anknüpfung an Voraussetzungen, Korrektur u. a.

4.3. Text und verschiedene Kenntnissysteme

Die grammatischen Mittel der Vertextung sind zwar wichtige (aber nicht immer notwendige) Voraussetzungen für die Kohärenz von Texten, sie reichen aber für die Vertextung nicht aus. Zur Produktion und Rezeption von Texten gehören vielmehr verschiedene Kenntnissysteme (die Grammatik, die Sprechhandlungstypen, Textsorten, Konversationsprinzipien, enzyklopädisches Wissen), die miteinander zusammenwirken (vgl. Bierwisch 1979; 1987; Motsch 1986). Da es sich um *verschiedene* Kenntnissysteme handelt, ist in jüngerer Zeit mit Recht die Frage gestellt worden, ob es eine eigenständige und einheitliche Disziplin der *Textlinguistik* überhaupt geben könne (oder ob nicht vielmehr die unterschiedlichen Kenntnissysteme auch durch unterschiedliche Theorien erfaßt werden müssen). Auf jeden Fall geht die Beschreibung von Eigenschaften des Textes über die Grammatik hinaus. Grammatische Kenntnisse sind für den Text notwendig und unverzichtbar, aber Texte sind mit den Mitteln der Grammatik allein nicht adäquat zu beschreiben.

Literaturverzeichnis

ADMONI, W., [2]1966, Der deutsche Sprachbau, Moskau/Leningrad

ALTMANN, H., 1976, Die Gradpartikeln im Deutschen – Untersuchungen zu ihrer Syntax, Semantik und Pragmatik, Tübingen

BAUMGÄRTNER, K., WUNDERLICH, D., 1969, Ansätze zu einer Semantik des deutschen Tempussystems. – Der Begriff Tempus – eine Ansichtssache? (= Beiheft zum Wirkenden Wort 20), Düsseldorf

BEITRÄGE ZUR KLASSIFIZIERUNG DER WORTARTEN, 1977, hrsg. von G. Helbig, Leipzig (= Linguistische Studien)

BEITRÄGE ZU PROBLEMEN DER SATZGLIEDER, 1978, hrsg. von G. Helbig, Leipzig (= Linguistische Studien)

BIERWISCH, M., 1979, Wörtliche Bedeutung – eine pragmatische Gretchenfrage. – Linguistische Studen, LS/ZISW/A/60, Berlin; auch in: Sprache und Pragmatik (Lunder Symposium 1978), hrsg. von I. Rosengren. Lund (= Lunder germanistische Forschungen 48)

BIERWISCH, M., 1987, Linguistik als kognitive Wissenschaft – Erläuterungen zu einem Forschungsprogramm. – Zeitschrift für Germanistik, Jg. 8, H. 6, Leipzig

BRANDT, M., 1990, Weiterführende Nebensätze – Zu ihrer Syntax, Semantik und Pragmatik, Stockholm (= Lunder germanistische Forschungen 57)

BUSCHA, J., 1980, Zur Darstellung des Konjunktivs in einer deutschen Grammatik für Ausländer. – Deutsch als Fremdsprache, Jg. 17, H. 1 und 2, Leipzig

BUSCHA, J., 1989, Lexikon deutscher Konjunktionen, Leipzig

BUSCHA, J., HEINRICH, G., ZOCH, I., [4]1981, Modalverben, Leipzig (= Zur Theorie und Praxis des Deutschunterrichts für Ausländer)

BUSCHA, J., ZOCH, I., 1984, Der Konjunktiv, Leipzig (= Zur Theorie und Praxis des Deutschunterrichts für Ausländer)

BUSCHA, J., ZOCH, I., 1988, Der Infinitiv, Leipzig (= Zur Theorie und Praxis des Deutschunterrichts für Ausländer)

CHOMSKY, N., 1965, Aspects of the Theory of Syntax, Cambridge (Mass.)

CONRAD, R. (Hrsg.), 1975, Kleines Wörterbuch sprachwissenschaftlicher Termini, Leipzig

DIELING, K., KEMPTER, F., 1983, Die Tempora, Leipzig (= Zur Theorie und Praxis des Deutschunterrichts für Ausländer)

DUDEN-GRAMMATIK (DUDEN – GRAMMATIK DER DEUTSCHEN GEGENWARTSSPRACHE), [1]1959, [2]1966, [3]1973, hrsg. von P. Grebe; [4]1984, hrsg. von G. Drosdowski, Mannheim

EISENBERG, P., 1986, Grundriß der deutschen Grammatik, Stuttgart

ENGEL, U., 1988, Deutsche Grammatik, Heidelberg
ERBEN, J., [7]1964, Abriß der deutschen Grammatik, Berlin
ERBEN, J., 1986, Deutsche Grammatik – Ein Leitfaden, Frankfurt (Main)
FLÄMIG, W., 1964, Zur Funktion des Verbs. I. Tempus und Temporalität. – Deutsch als Fremdsprache, Jg. 1, H. 4, Leipzig
FLÄMIG, W., 1965, Zur Funktion des Verbs. II. Modus und Modalität. – Deutsch als Fremdsprache, Jg. 2, H. 1, Leipzig
FLÄMIG, W., 1966, Probleme und Tendenzen der Schulgrammatik. – Deutschunterricht, Jg. 2, H. 4, Berlin
GEDENKSCHRIFT FÜR INGERID DAL, 1988, hrsg. von J. O. Askedal, C. Fabricius-Hansen, K. E. Schöndorf, Tübingen
GLINZ, H., 1957, Der deutsche Satz, Düsseldorf
GLINZ, H., [2]1961, Die innere Form des Deutschen, Bern/München
GOETZE, L., HESS-LÜTTICH, E. W. B., 1989, Knaurs Grammatik der deutschen Sprache – Sprachsystem und Sprachgebrauch, Mannheim
GRIMM, H.-J., 1986, Untersuchungen zum Artikelgebrauch im Deutschen, Leipzig (= Linguistische Studien)
GRIMM, H.-J., 1987, Lexikon zum Artikelgebrauch, Leipzig
GRUNDZÜGE EINER DEUTSCHEN GRAMMATIK, 1981, Autorenkollektiv unter Leitung von K. E. Heidolph, W. Flämig, W. Motsch, Berlin
HELBIG, G., 1968, Zum Problem der Wortarten in einer deutschen Grammatik für Ausländer. – Deutsch als Fremdsprache, Jg. 5, H. 1, Leipzig
HELBIG, G., 1973a, Die Funktionen der substantivischen Kasus in der deutschen Gegenwartssprache, Halle (Saale) (= Linguistische Studien)
HELBIG, G., 1973b, Zum Problem des Attributs in der deutschen Gegenwartssprache (2). – Deutsch als Fremdsprache, Jg. 10, H. 1, Leipzig
HELBIG, G., 1979, Probleme der Beschreibung von Funktionsverbgefügen im Deutschen. – Deutsch als Fremdsprache, Jg. 16, H. 5, Leipzig
HELBIG, G., 1980, Zur Stellung und zu Problemen der Textlinguistik. – Deutsch als Fremdsprache, Jg. 17, H. 5, Leipzig
HELBIG, G., 1982, Valenz – Satzglieder – semantische Kasus – Satzmodelle, Leipzig (= Zur Theorie und Praxis des Deutschunterrichts für Ausländer)
HELBIG, G., 1983, Studien zur deutschen Syntax. Bd. 1, Leipzig (= Linguistische Studien)
HELBIG, G., 1984, Studien zur deutschen Syntax, Bd. 2, Leipzig (= Linguistische Studien)
HELBIG, G., 1986, Zu umstrittenen Fragen der substantivischen Valenz. – Deutsch als Fremdsprache, Jg. 23, H. 4, Leipzig
HELBIG, G., 1988a, Lexikon deutscher Partikeln, Leipzig
HELBIG, G., 1988b, Zum Verhältnis von Grammatik und Lexikon (aus der Sicht der Sprachwissenschaft und des Fremdsprachenunterrichts). – Deutsch als Fremdsprache, Jg. 25, H. 3, Leipzig

HELBIG, G., (soll erscheinen) 1992, Was sind Appositionen? – Deutsch als Fremdsprache, Jg. 29, H. 1, Leipzig
HELBIG, G., BUSCHA, J., [8]1984, Deutsche Grammatik – Ein Handbuch für den Ausländerunterricht, Leipzig
HELBIG, G., HELBIG A., 1990, Lexikon deutscher Modalwörter, Leipzig
HELBIG, G., SCHENKEL, W., [2]1973, Wörterbuch zur Valenz und Distribution deutscher Verben, Leipzig
ISAČENKO, A. V., 1968, Die russische Sprache der Gegenwart Teil 1, Halle (Saale)
JUNG, W., 1953, Kleine Grammatik der deutschen Gegenwartssprache, Leipzig
JUNG, W., [5]1973, Grammatik der deutschen Sprache, Leipzig; [6]1980, Neuausgabe, bearbeitet von G. Starke, Leipzig
KASUSTHEORIE, 1971, hrsg. von W. Abraham, Frankfurt (Main) (= Schwerpunkte Linguistik und Kommunikationswissenschaft, Bd. 2)
KAZNELSON, S. D., 1974, Sprachtypologie und Sprachdenken, Berlin (= Sprache und Gesellschaft, Bd. 5)
KLEINE ENZYKLOPÄDIE – DIE DEUTSCHE SPRACHE, 1970, hrsg. von E. Agricola, W. Fleischer, H. Protze, Leipzig
KRIWONOSSOW, A., 1963, Die modalen Partikeln in der deutschen Gegenwartssprache, Diss. Berlin; im Druck erschienen: Göppingen 1977
LANG, E., 1977, Semantik der koordinativen Verknüpfung, Berlin (= Studia Grammatica XIV)
LANG, E., 1979, Zum Status der Satzadverbiale. – Slovo a Slovesnost, Bd. 40
MOSKALSKAJA, O. I., 1974, Problemy sistemnogo opisanija sintaksisa, Moskva
MOSKALSKAJA, O. I., [2]1975, Grammatik der deutschen Gegenwartssprache, Moskau
MOTSCH, W., [7]1973, Syntax des deutschen Adjektivs, Berlin (= Studia Grammatica III)
MOTSCH, W., 1986, Anforderungen an eine handlungsorientierte Textanalyse. – Zeitschrift für Germanistik, Jg. 7, H. 3, Leipzig
PAUL, H., 1954, Deutsche Grammatik, Bd. III, Halle (Saale)
PRAGMATIK IN DER GRAMMATIK, 1984, hrsg. von G. Stickel, Düsseldorf (= Sprache der Gegenwart 60)
PÜTZ, H., 1975, Über die Syntax der Pronominalform *es* im gegenwärtigen Deutsch, Tübingen (= Studien zur deutschen Grammatik 3)
SCHMIDT, W., [4]1973, Grundfragen der deutschen Grammatik, Berlin
SCHRÖDER, J., 1986, Lexikon deutscher Präpositionen, Leipzig
SCHRÖDER, J., 1987, Deutsche Präpositionen im Sprachvergleich, Leipzig (= Linguistische Studien)
SKIZZE DER DEUTSCHEN GRAMMATIK, 1972, hrsg. von W. Flämig u. a., Berlin
SOMMERFELDT, K.-E., SCHREIBER, H., 1974, Wörterbuch zur Valenz und Distribution deutscher Adjektive, Leipzig

SOMMERFELDT, K.-E., SCHREIBER, H., 1977, Wörterbuch zur Valenz und Distribution der Substantive, Leipzig

SOMMERFELDT, K.-E., STARKE, G., NERIUS, D., 1981, Einführung in die Grammatik und Orthographie der deutschen Gegenwartssprache, Leipzig

STEINITZ, R., 1977, Zur Semantik und Syntax durativer, inchoativer und kausativer Verben. – Linguistische Studien ZISW/A/35, Berlin

STEPANOWA, M. D., HELBIG, G., 1978, Wortarten und das Problem der Valenz in der deutschen Gegenwartsprache, Leipzig und Moskau

STÖTZEL, G., 1970, Ausdrucksseite und Inhaltsseite der Sprache – Methodenkritische Studien am Beispiel der deutschen Reflexivverba, München (= Linguistische Reihe, Bd. 3)

SUTTERLIN, L., 1900, Die deutsche Sprache der Gegenwart, Leipzig

SYNTAKTISCHE STUDIEN, 1965, Berlin (= Studia Grammatica V)

VATER, H., 1963, Das System der Artikelformen im gegenwärtigen Deutsch, Tübingen

VOR-SÄTZE ZU EINER NEUEN DEUTSCHEN GRAMMATIK, hrsg. von G. Zifonun, Tübingen (= Forschungsberichte des Instituts für deutsche Sprache in Mannheim, Bd. 63)

WEYDT, H., 1969, Abtönungspartikel – Die deutschen Modalwörter und ihre französischen Entsprechungen, Bad Homburg/Berlin/Zürich

WUNDERLICH, D., ^{2}1978, Studien zur Sprechakttheorie, Frankfurt (Main)

Register